融媒50问
地市级媒体融合的三明探索

黄楚新　王克新　等 编著

中国国际广播出版社

本书主要编著者

黄楚新　中国社会科学院新媒体研究中心副主任兼秘书长，研究员，中国社会科学院大学新闻传播学院副院长、教授、博士生导师

王克新　福建省三明市委宣传部副部长，市融媒体中心党组书记、主任

邱树青　福建省三明市融媒体中心党组副书记、副主任

陈伊高　中国社会科学院大学新闻传播学院博士研究生

贺文文　中国社会科学院大学新闻传播学院博士研究生

陈玥彤　中国社会科学院大学新闻传播学院博士研究生

王奕涵　中国社会科学院大学新闻传播学院博士研究生

陈智睿　中国人民大学新闻学院博士研究生

汪　丽　中国社会科学院大学新闻传播学院硕士研究生

王欣欣　中国社会科学院大学新闻传播学院硕士研究生

序

发见地市级媒体深度融合三明样本的密码

杨明品

媒体深度融合是媒体生态重构的深刻变革,也是主流媒体系统性变革的前哨战,对于国家主流舆论阵地建设和文化强国建设具有战略意义。近年来,全国各地相继出现一批推进媒体深度融合发展的典型案例,这些案例各有创新亮点,发挥了提供借鉴、典型引领的重要作用。大量案例证明,媒体融合,关键靠改革。福建省三明市融媒体中心就是很有借鉴意义的改革样本,不仅为地市级媒体提供了可复制的经验,还以其系统性、创新性与实效性,成为诠释中国特色媒体融合理论的鲜活实践。由于职业的关系,这两三年我一直关注和研究三明融媒改革。看到黄楚新主任与王克新主任等合著的《融媒 50 问——地市级媒体融合的三明探索》付梓,我十分欣喜。这部专著既是对三明融媒经验的深度解码,也是对媒体融合理论的丰富拓展,其出版恰逢主流媒体系统性变革加快推进之际,意义非凡。可以说,这部专著发见了打开媒体深度融合改革的密码。

改革逻辑：顶层设计与基层创新的双向奔赴

三明市融媒体中心改革实践的独特价值，在于坚持改革的"现实主义"，精准把握了媒体融合的底层逻辑——顶层设计的高位推动与基层创新的内生动力相结合。从2019年整合原报社、广电、新媒体三家机构到构建"3+6+N"全媒体传播矩阵，三明市融媒体中心始终遵循"先立后破、边建边融、宜融则融、能融尽融"的原则，在机构重组、流程再造、绩效分配等领域突破体制机制桎梏。例如，通过"一家多制"的绩效改革打破编制壁垒，以"事业+产业"双轨驱动实现同工同酬、优劳优酬，激发全员创造力。这种改革路径印证了体制机制创新是媒体融合的"牛鼻子"，印证了改革的核心在于重构生产关系以释放生产力。

尤为可贵的是，三明市媒体融合改革纳入市委"一把手"工程，形成跨部门协同的政策保障。财政专项扶持、人才"绿色通道"、绩效考核动态调整等举措，为改革提供了坚实支撑。这种"党委主抓、多方联动"的模式，正是中国特色媒体融合治理优势的生动体现。

实践突破：从"物理整合"到"化学反应"的深融路径

三明市融媒体中心经验的可贵之处，在于其超越了"机构合并"的表层融合，实现了内容生产、功能定位与产业生态的深度重构。

在内容生产上，坚持移动优先与精品战略并重。三明市融媒体中心以"中央厨房"为核心，重塑"策采编发评"一体化流程，推动主力军全面挺进主战场。其"N个一"融合报道模式，通过短视频、直播、专题片等多形态产品集群传播，与福建省广播影视集团联合打造了《沪明往事》《跨越35年的"双向奔赴"》等荣获中国新闻奖的精品力作，自融合以来累计阅读量超129亿人次，彰显"内容为王"的永恒价值。

在媒体功能上，实现从传播平台到治理枢纽的跃升。依托"e三明"客户端，三明市融媒体中心构建了集新闻资讯、政务办理、民生服务、本地电商于一体的综合服务平台，上线与百姓密切相关的实打实便民服务项目，实现"新闻+政务+服务"生态闭环。这种转型正是对"媒体即服务"理念的实践回应，使主流媒体真正成为社会治理不可或缺的节点。

在产业运营上，坚持双轮驱动与生态反哺。三明市融媒体中心通过成立新融媒体公司、艺术培训中心等实体，开展文旅推广、电商助农、文化创意等多元经营，年均增长超10%，形成"新闻创造价值—价值支撑产业—产业反哺新闻"的良性循环。再次证明，市场是融合捷径。三明的经验展现了地市级媒体增强自身造血功能、实现可持续发展的可行路径。

理论贡献：本土经验与理论创新的互鉴升华

《融媒50问——地市级媒体融合的三明探索》，不仅全景式记录了三明改革的历程，还通过学理提炼回答了三个关键命题。

一是地市级融媒体的方位坐标。本书指出，地市融媒体需立足"承上启下"的中枢定位，既要对接省级平台资源，又要赋能县级融媒，构建"省—市—县"协同传播网络。三明市融媒体中心通过资源共享、技术联动，与尤溪、沙县等县级融媒体共同跻身全国典型案例，正是这一理论的实践注脚。

二是改革动力的可持续机制。书中详析了三明以"动态微调"破解融合阻力的智慧：从抽签选工位打破部门隔阂到设立"80后编委"打破论资排辈，再到"融媒特种兵"培养计划锻造全媒人才，这些微观创新构成改革持续深化的"细胞级"动力。这种"以人为本"的治理哲学，精准诠释了"人才为宝、机制为钥"理念。

三是融合评价的复合指标体系。本书创新地提出"社会效益－传播效能－经济收益"三维评价模型，将舆论引导力、用户活跃度、产业贡献值等纳入考核，为破解"重流量、轻质量""重宣传、轻服务"等问题提供了方法论工具。这个突破充分体现了全国广电融合案例评选倡导的"效果导向"。

时代价值：守正创新的融合范式

当前，全国地市级融媒体中心建设已进入决战阶段，三明经验的价值愈发凸显。一是为中小城市融媒体中心改革提供低成本高效方案。通过集约化整合与本土化运营，三明融媒以较小的体量实现传播力、影响力指数级增长，证明"小体量"亦可成就"大融合"。二是为智慧城市建设探路。通过数字技术赋能城市管理。三明融媒探索了媒体与智慧城市协同发展的新范式，推动媒体融入数字经济新赛道。三是为主流媒体系统性变革提供基层智慧。三明融媒以"党建引领、服务为本、产业反哺"为核心的改革逻辑，展现了新时代新征程媒体深度融合的路径，为主流媒体转型发展提供了鲜活经验。

作为研究者，我欣喜地看到，《融媒50问——地市级媒体融合的三明探索》不仅立足实践"深描"，还注重理论"升维"，实现了案例研究与学理建构的有机统一。期待它的出版，能推动学界与业界更深入地对话，助力在媒体深度融合中出现更多改革探索，共同书写主流媒体系统性变革的新篇章。

衷心祝贺《融媒50问——地市级媒体融合的三明探索》出版！

2024年6月28日

（序作者杨明品，时任国家广电总局发展研究中心副主任、研究员）

目 录

第一章	战略方向	001
第二章	创新管理	015
第三章	流程再造	029
第四章	平台打造	046
第五章	内容生产	070
第六章	绩效考核	114
第七章	队伍建设	131
第八章	技术赋能	155
第九章	经营创新	173
参考文献		196
后　记		206

第一章　战略方向

地市级媒体融合是国家媒体融合战略的持续深化，也是建设全媒体传播体系的重要一环。在新媒体时代的背景下，地市级媒体面临着来自技术革新、市场竞争和用户需求变化的多重压力，融合发展不仅是应对挑战的必然选择，而且是实现自身可持续发展的战略举措。然而，地市级媒体融合过程中如何突破体制机制障碍、平衡事业单位体制与市场化运营，如何构建科学有效的融合评价体系仍然是亟待解决的难题。三明市融媒体中心坚持正确的战略方向，以体制机制创新激发自身内生活力，为全省乃至全国地市级媒体融合改革提供了生动的实践样本。

一、地市级媒体为什么要融合？

1. 政策导向：地市级媒体融合是国家媒体融合战略的持续深化

政策要素是我国地市级媒体融合改革的根本导向，为地市级媒体融合提供了方向指引，推动着地市级媒体融合的整体进程。自2014

年中央全面深化改革领导小组通过了《关于推动传统媒体和新兴媒体融合发展的指导意见》以来,媒体融合正式上升成为国家战略并开始实施,国家相继出台了一系列新政策、新措施,就媒体融合发展问题做出了一系列前瞻性的指示与部署,不断推进媒体融合改革这一战略行动。在国家层面的顶层设计指引下,中央级、省级媒体率先推进融合转型,取得了显著成效;县级媒体紧跟步伐,于2020年年底实现全国全覆盖的目标。[①] 处于腰部地带的地市级媒体融合发展作为我国构建全媒体传播体系的重要一环,2022年4月,中宣部、财政部、国家广电总局联合下发《关于推进地市级媒体加快深度融合发展实施方案的通知》,并在全国范围内遴选60家地市级融媒体中心建设试点单位,对地市级媒体融合做出了具体部署,进一步明确了地市级媒体融合的目标,推动地市级媒体融合迈出新步伐。绝大多数地方选择"报纸+广电"的跨媒体形式整合,相继挂牌成立融媒体中心。2023年2月,中宣部、国家广电总局组织编制并发布了市级融媒体中心系列技术标准规范,对地市级媒体融合提供了明确的、具体的规范指引,以技术标准规范有效引导地市级媒体转型发展。[②] 地市级媒体融合是国家媒体融合战略走深走实,从顶层设计层面的战略部署到具体的融合改革目标再到有针对性的指导规范。近年来,我国对地市级媒体融合的政策不断细化,推动了地市级媒体融合进入新的发展阶段。各省市媒体也应响应国家政策号召,紧跟国家战略导向,积极开展地市级媒体融合工作,实现由表及里、

---

① 黄楚新,邵赛男,朱常华. 我国地市级媒体融合的现状、问题及应对策略 [J]. 传媒, 2020 (24): 66-69.
② 市级融媒体中心系列技术标准规范发布实施 [EB/OL]. (2023-02-01) [2024-10-29]. https://www.nrta.gov.cn/art/2023/2/1/art_113_63326.html.

由点到面的逐步推进，形成各具特色的融合理念，打造符合自身发展实际的融合模式。

2.现实逻辑：地市级媒体融合是建设全媒体传播体系的重要一环

以习近平同志为核心的党中央对媒体融合工作高度重视，围绕全媒体传播体系的建设作出一系列重大部署。2019年1月25日，习近平总书记在中共中央政治局第十二次集体学习中提出："要形成资源集约、结构合理、差异发展、协同高效的全媒体传播体系。"① 2020年9月，中共中央办公厅、国务院办公厅印发的《关于加快推进媒体深度融合发展的意见》中提出，"建立以内容建设为根本、先进技术为支撑、创新管理为保障的全媒体传播体系"②。2022年，党的二十大报告指出，"加强全媒体传播体系建设，塑造主流舆论新格局"③。从纵向角度来看，建设全媒体传播体系需从纵向系统化统筹中央级、省级、市级、县级四级媒体融合发展布局，发挥各级主流媒体优势，实现各级主流媒体在数据、技术、资源等方面的上下贯通，以及内容生产传播、社会服务等方面的协同联动。在国家战略指引下，中央级及

---

① 习近平：加快推动媒体融合发展 构建全媒体传播格局［EB/OL］.（2019-03-15）［2024-10-29］. https://www.gov.cn/xinwen/2019-03/15/content_5374027.htm.

② 中共中央办公厅 国务院办公厅印发《关于加快推进媒体深度融合发展的意见》［EB/OL］.（2020-09-26）［2024-10-29］. https://www.gov.cn/xinwen/2020-09/26/content_5547310.htm.

③ 习近平：高举中国特色社会主义伟大旗帜 为全面建设社会主义现代化国家而团结奋斗——在中国共产党第二十次全国代表大会上的报告［EB/OL］.（2022-10-25）［2024-10-29］. http://www.qstheory.cn/yaowen/2022-10/25/c_1129079926.htm.

省级媒体凭借理念、资金、技术、人才等多方面优势，率先带头推动媒体深度融合，探索创新发展模式，以5G、大数据、云计算、人工智能等智能技术成果赋能自有平台的建设、融媒体内容生产传播的创新及公共服务能力的提升，形成了相对稳定的头部力量。县级融媒体中心建设加速铺开，持续发挥打通宣传思想工作、连接群众"最后一公里"的作用，因地制宜布局内容生产、平台打造、服务治理、产业创新等领域，打造了较为成熟的发展模式。地市级媒体是全媒体传播体系的重要组成部分，在全媒体传播体系中起到一定的过渡衔接作用。然而，目前我国地市级媒体却是全媒体传播体系建设中最薄弱的一环。一方面，地市级媒体发展水平难以与中央级、省级融媒体相比较；另一方面，与县级媒体相比，其触达社群的能力受限，缺乏群众贴近性。面对"头尾夹攻"的发展困境，地市级媒体需积极加速深度融合发展，推进机构整合和一体化运行，提高自身高质量发展效能，有效发挥自身上连全省、下接基层的独特优势，使中央级、省级、市级、县级四级媒体形成最大合力，不断夯实全媒体传播体系建设，构建全媒体时代新型媒体融合格局。

3. 市场需求：地市级媒体融合是地市级媒体实现自身可持续发展的必由之路

媒体融合转型是地市级媒体摆脱困境、谋求自身可持续发展的内生动力。目前，地市级媒体面临着来自多方面的竞争压力。移动互联网与智能技术的迅猛发展引发传媒产业市场版图发生重要变革，微博、微信、抖音、今日头条等商业平台凭借自身灵活机制与互动性、垂直化优势抢占市场份额；中央级、省级媒体也纷纷布局新媒体领域，导致传媒市场的竞争日益激烈，极大瓜分了地市级主流媒体的用户数量，地市级媒体的主要盈利模式，即内容产品和广告资源的"二次售卖"遭受巨大冲击，广告经营收入持续下滑，市场竞争力不断变弱，生存保障甚至成为其面临的一大难题。同时，经营困境也对地市级媒体造成了一系列连锁反应，优质年轻人才大量流失，人才队伍出现了严重的年龄断层；地市级媒体内容采编人员年龄偏大，导致地市级媒体缺乏创新力与活力。此外，互联网广泛普及并构建起新的传播生态，地市级媒体传统的体制机制已难以匹配媒体深度融合阶段内容生产传播等方面的需求，内容创新性与内容传播效果不佳，地市级媒体影响力受到极大影响。由此可见，地市级媒体发展面临着来自内部与外部多方面条件的制约，其融合转型是市场与现实之需，也是必然选择，需通过扎实有效的融合发展实现体制机制、内容生产等方面的转型升级，不断提升自身传播力、引导力、影响力和公信力。

4. 技术要素：地市级媒体融合是适应数智化发展趋势的内在要求

在5G、大数据、云计算、人工智能等技术成果的赋能下，媒介化成为社会发展的趋势，也促使传统媒体主动或被动进行调整与转型。[①] 当前，5G、大数据、生成式人工智能推动新闻生产方式发生根本性变革；虚拟数字人、VR（虚拟现实）/AR（增强现实）/XR（扩展现实）、元宇宙等技术集成可优化内容互动场景，创新媒体服务形

[①] 胡正荣，李荃.融媒十载：中国媒体融合的行动逻辑、价值意涵与实践路向[J].传媒观察，2024（7）：5-12.

式；大数据技术通过强大的数据处理与分析能力，可对数据进行即时监控与深入剖析，为媒体提供精细化的用户画像。目前，中央级及省级媒体已扎根于数智技术带来的强势动能，不断提升自身数智化发展水平，将智能技术融入媒体信息采集、内容加工、内容分发、用户反馈等各生产环节。例如，新华智云充分利用人工智能技术、自主研发"媒体大脑"；浙报集团媒立方及全省媒体一体化生产平台对"传播大模型"多项能力进行应用。在此背景下，数智技术的发展也为地市级媒体提供了强大的技术支撑，地市级媒体需不断适应数智化发展趋势，以融合手段加速释放不同类型媒体的技术与资源优势，通过数智技术赋能内容生产传播体制机制的优化、生产流程再造与生产理念重塑，激发地市级媒体在智能时代下高质量发展的活力与动能。

由此可见，地市级媒体融合是紧跟国家战略导向、建设全媒体传播体系、应对市场竞争与生存压力、适应数智化发展趋势的必然选择。通过地市级媒体融合改革工作的不断深入，地市级媒体可以有效整合资源、优化结构、创新内容、拓展渠道、强化技术，实现可持续发展并为区域社会发展提供有力支持。未来，随着国家政策的持续深入及技术的迭代升级，地市级媒体融合将呈现更加多元化、深度化与数智化趋势，并为传媒业的发展注入新的活力。

二、市级媒体融合如何做好顶层设计，将事业单位体制与企业化运作、市场化运营机制结合起来？

2020年9月，中共中央办公厅、国务院办公厅印发的《关于加快推进媒体深度融合发展的意见》指出，"要发挥市场机制作用，增强主流媒体的市场竞争意识和能力，探索建立'新闻＋政务＋服务＋商务'的运营模式，创新媒体投融资政策，增强自我造血机能"。[①] 这是2014年以来我国首次在媒体融合文件中针对"市场机制""运营模式"进行部署，是在媒体融合处于深水区的关键节点上充分把握当前媒介格局和媒体发展趋势及当今媒体融合问题基础上提出的顶层设计思路[②]，标志着媒体融合改革从以整合机构部门、加强基础设施建设为中心的初级阶段，发展到经营转型的攻坚阶段。事业单位体制为地市级媒体提供稳定的资金和政策支持，确保了媒体的舆论导向，有利于媒体机构履行社会责任，提供公共服务功能。但在体制机制的束缚下，媒体难以进行全面有效的经营和市场化运作，导致市场要素无法自由流通，阻碍了资源的有效配置。"企业化运作、市场化运营"机制则依托市场制度，通过建立以市场需求为导向的运营管理团队，采用现代企业管理制度，引入市场化考核机制来保证媒体机构的自我造血功能，为媒体机构的可持续发展带来更多活力和发展空间。

自2022年《推进地市级媒体加快深度融合发展实施方案的通知》发布以来，地市级媒体深度融合进入快速推进期，广西、江西、黑龙江等地实现市级融媒体中心建设的全省（自治区）覆盖，浙江除了杭州、宁波以外的其余各市都完成台报整合并挂牌成立市级融媒体中心。但是在地市级媒体融合发展进程中仍存在诸多挑战，部分地市级媒体面临发展基础薄弱、历史包袱沉重等问题，在融合过程中

[①] 中共中央办公厅 国务院办公厅印发《关于加快推进媒体深度融合发展的意见》[EB/OL]. (2020-09-26) [2024-10-29]. https://www.gov.cn/xinwen/2020-09/26/content_5547310.htm.

[②] 陈国权. 媒体融合的现状、难点与市场机制突破[J]. 编辑之友, 2021 (5): 32-39, 45.

动力不足，其经营仍高度依赖政府财政支持，而如何打破条块限制、改革业务模式以提高自身造血能力，实现自身可持续发展是地市级媒体融合的重点问题。地市级媒体实行事业单位体制是制度规定，但坚持媒体事业制度并不妨碍进行企业化运作和市场化运营。全媒体时代，地市级媒体须增强竞争能力，可以根据自身实际情况选择企业化运作模式，也可以选择以事业加产业的方式实现市场化运营。三明市融媒体中心将事业单位体制与企业化运作、市场化运营机制有机结合起来，在"中心+公司""事业+产业"的运营模式上进行了有益探索，有效增强了自我造血机能，激发了自身内生活力。

强化高位推动与统筹调度，加强政策和资金支持。从三明市融媒体中心的发展实践中看，当地市委市政府的高度重视、坚定资金支持、政策扶持和机制保障，是三明市融媒体中心经营转型顺利推进的根本保证。在政策保障方面，市委成立媒体融合工作领导小组，将媒体融合改革工作纳入市委每月重点督查督办内容，通过出台实施意见明确目标任务、强化统筹调度，全力推进媒体深度融合工作，形成由党委主抓，宣传、发改、财政、人社等部门积极参与的工作格局，从顶层设计上理顺了融合发展的体制机制，在深化管理体制改革、运营机制改革等方面对媒体融合工作作出了重要部署，为融媒体中心建设提供了政策保障。在组织保障方面，进一步配齐配强中心领导班子，由市委宣传部副部长担任中心主任，同时从中心选拔2名中层干部、从外单位选拔2名干部充实到中心领导班子，提升了领导班子的凝聚力和战斗力。在资金保障方面，一是明确将市区行政事业单位和国有企业对外发布的信息广告、公告、对外专题宣传等，统一交由市融媒体中心承办、制作和发布；二是明确将在编人员档案工资自

第一章　战略方向

筹部分由财政补齐，并每年给予中心聘用人员500万元经费补助。在机制保障方面，从2022年开始，在宣传部、财政、人社、纪检等部门的全力支持下，中心创新性建立"产业绩效"奖励机制，并逐步予以深化完善，稳步形成新闻主业带动产业发展、产业发展反哺新闻主业的良性发展格局，夯实深化融合改革的经济基础。

建立适应市场化竞争的发展机制，尝试多元化商业路径。三明市融媒体中心明确建立"中心+公司""事业+产业"的运营模式，在事业单位实行差额拨补的前提下，成立其下属的"轻量化"公司——新融媒体有限公司，性质为国有独资企业，由三明市融媒体中心代管；成立市融媒体艺术培训中心，开展融媒广告、展览展示、艺术培训等多元经营业务，有效打通了事业单位体制与企业化运作、市场化运营机制之间的关系，造血能力持续增强，既保障了融媒体中心可持续发展活力，又确保了融媒体中心人才队伍稳定，有效推进了事业、产业双向协同发展。

此外，中心依托"新闻+"模式拓展多元产业链条，通过整合市域内的线上及线下资源，将媒体服务范围拓展至政府、商业和消费领域。深度探索代运维等服务、软硬件技术服务、栏目协办联办、工作室、直播带货等多种项目经营模式。自2019年中心启动媒体融合改革以来，营收状况呈现出持续上升的趋势。2020年，三明市融媒体中心与客户开展"打包式"合作，策划承办全市性商业活动，举办直播70余场次，总观看量达530万人次，带动各类产品销售过亿元。2024年，融媒体中心在经营创收上拓展思路、创新破局，开展了广告设计、包装设计、会展、展陈等新服务，以"融媒+设计"的思路，不断拓宽增收渠道。目前，中心与市农业农村局、市林业局、三明生态新城、市医改办、三明援疆指挥部等达成合作，多个项目同步推进。

挖掘内部发展潜力，拓宽创收渠道。三明市融媒体中心结合党媒发挥舆论导向和确保主流媒体自身发展的保障需求，落实二类事业单位财政核补以外的绩效分配资金保障工作。中心以"多劳多得、优绩优酬"为原则，进一步挖掘内部潜力，优化市场机制，拓宽创收渠道，确保创收运营工作稳定健康发展。一方面，中心建立了"统分结合"的创收经营模式，通过中心党组会议和中层以上会议等议事制度进行统一协调和管理，同时对各部室采用目标管理方式，将责、权、利进行分解。在经营方式上，中心实行多元化策略，包括承包经营管理和目标责任经营管理。承包经营允许单位或个人在规定范围内开展业务，鼓励各部门根据年度创收目标开展多样化的创收活动，如成立业务推广工作室、推行制片人制、实施项目经理制、拓展网站和新媒体有偿运营、承接电视转播车对外租赁业务及开办培训业务等。另一方面，为激励各部门积极参与创收，中心制定了相应的激励措施，如对超额完成任务的部门给予奖励，允许项目承接部门提取一定比例的业务拓展费用，这个举措激发了各部门的拓展创收积极性，有效提高了中心"自我造血"功能。

三、市级媒体融合的效果评价体系如何建构？

随着国家政策与战略布局的指引，技术应用的深入赋能及行业发展的持续推动，在地市级媒体积极融入媒体深度融合发展进程中形成了各具特色的融合模式，在完善自身体制机制、整合内外部资源、提高智能化生产传播水平、优化服务与盈利模式等方面已取得了一定成效。但从长远发展来看，针对地市级媒体融合发展的程度和效果尚未形成与之协同的评价指标与体系。党的二十届三中全会通过的《中共中央关于进一步全面深化改革 推进中国式现代化的决定》中指出，"构建适应全媒体生产传播工作机制和评价体系，推进主流媒体系统性变革"[①]。因此，亟须构建一套行之有效的评价体系作为加速推进地市级媒体融合改革的指导工具，通过科学、客观的评价维度与指标来考察地市级媒体融合发展水平，使地市级媒体机构更加精准地衡量与评估自身的发展成效和发展难点，将评价结果作为地市级媒体优化资源配置、改进融合策略和促进创新发展的重要依据，从而形成"评价—反馈—优化"的良性循环，持续提升地市级媒体融合发展水平。同时，地市级媒体融合评价体系还可与激励和约束机制相结合，不断激发主流媒体的创新活力。

媒体融合是一项综合性、系统性工程，包含一切媒介及其相关要素的结合、汇聚和融合，涉及理念转变、体制机制建设、流程管理再造、充实人才、升级技术等一系列复杂的推进过程。因此，构建地市级媒体融合评价体系需考虑多元化的指标特征，不局限于订阅量、收听率或收视率等一系列用户数据，而是需要全面体现地市级媒体融合发展的整体成效，将评价考察的范围拓展到组织管理、内容生产、平台建设、媒体经营、服务效能等多方面内容，并在此基础上进一步细化指标。

本书针对地市级媒体融合情况构建了一套评价指标体系（见表1），包含 7 个一级指标和 21 个二级指标，可为各地市级媒体衡量自身发展情况提供一定参考。

---

① 中共中央关于进一步全面深化改革 推进中国式现代化的决定［EB/OL］.（2024-07-21）［2024-11-06］. https://www.gov.cn/zhengce/202407/content_6963770.htm.

表 1　地市级媒体融合评价体系指标

一级指标	二级指标	具体内容
组织管理层	组织架构的合理性	传统部门与新媒体部门的整合程度；管理层级的精简程度；人力、技术、内容等资源的整合程度；等等
	跨部门协同性	是否建立有效的跨部门协作机制；跨部门信息共享的及时性和全面性；等等
	管理制度科学性	管理制度的创新性和有效性，包括考核激励机制、柔性团队机制；等等
	人才队伍专业性	人才结构（复合型人才占比、年龄结构、学历结构）；人才能力（全媒体采编能力、新媒体平台运营能力、技术运用能力）；人才培养（培训覆盖率、培训多样性、培训效果）；人才引进（高层次人才引进数量、创新型人才引进比例、本地人才回流率）；等等
内容生产层	内容丰富性	内容覆盖领域的广度（包括政治、经济、文化、科技、娱乐、体育、社会等多个主题）；内容发布的数量；受众群体的覆盖广度（包括不同年龄、性别、教育水平、职业背景群体）；等等
	内容原创性	原创内容的比重；原创内容的引用率；独家报道数量；深度调查报道数量；等等
	思想引领力	主流意识形态上的引导效果，引导社会舆论、形成正确舆论导向方面的表现等
	内容创新性	在新媒体平台上发布的内容形式（如短视频、直播、数据新闻、互动新闻，以及5G、AR、VR、AI等新技术在内容中的应用情况）；创新性内容的比例及其传播效果；等等

续表

一级指标	二级指标	具体内容
平台建设层	多渠道布局	在不同传播渠道的覆盖广度和深度，包括传统媒体（电视、广播、报纸）、新媒体（网站、APP、社交媒体）及新兴平台（短视频、直播等）
	移动端建设	移动端用户规模；用户参与度；内容质量；技术性能；用户界面设计；用户体验；等等
传播效果层	受众覆盖率	评估媒体内容传播的广度，衡量内容在各个渠道（包括传统媒体和新媒体）的受众触达情况，包括受众数量、覆盖的地理区域、年龄和社会群体分布等
	精准传播度	评估内容在不同渠道的精准传播能力，分析内容与目标受众的匹配程度
	受众参与度	受众在传播内容后的互动程度，包括点赞、评论、转发、参与投票等行为
	舆论引导力	衡量内容在引导社会舆论、倡导正面价值观方面的实际影响力，如公众舆论引导的正面反应、政策支持、对相关话题的讨论热度等
服务功能层	政务服务效能	政务服务渠道（如在线咨询、问题反馈、意见征集等）；用户参与度；政务服务效率；用户反馈情况；等等
	民生服务效能	民生服务渠道（如在线预约、业务办理、问题反馈等一站式服务功能）；民生服务覆盖度（包括就业、教育、医疗、交通、社保、体育等）；提供的民生服务是否能够为公众提供实际帮助；用户的反馈情况；等等

续表

一级指标	二级指标	具体内容
技术创新层	技术基础设施	大数据、AI、区块链等技术的应用情况及与内容生产流程的融合能力；媒体智库、媒体资源库等建设情况
	技术驱动能力	采用新技术开发的新业务或服务数量；技术驱动下的内容产品优化能力；等等
媒体经营层	媒体收入情况	总体收入指标；收入结构（是否涵盖广告收入、订阅收入、付费内容、会员服务、活动运营、电商合作等多种模式）；收入增长率；市场占有率；等等
	品牌影响力	媒体品牌在核心受众群体中的认知度、品牌美誉度等
	跨界合作力	跨界合作广度（跨界合作领域数量、合作伙伴多样性等）；跨界合作深度（建立长期战略合作关系的项目数量、深度合作项目比例长期合作伙伴的留存率等）；跨界合作效果（合作项目成功率、用户增长贡献、收入贡献率等）

第二章 创新管理

地市级媒体融合不仅是机构、技术和平台的整合，还是一场深刻的管理机制变革。在这一进程中，三明市融媒体中心建立起适应全媒体传播的一体化组织架构，有效打破传统媒体的部门壁垒、提升资源配置效率，实现更高效的组织协同；打破身份限制，着力推动人才选育理念、模式、策略的创新，培养"能打善战"的精兵强将；在思想观念、财务管理、组织结构等方面精准发力，科学管理融合过渡期，确保融合顺利推进。三明市融媒体中心通过管理机制的创新为自身可持续发展奠定了坚实基础。本部分通过回答如何建立一体化组织架构、创新人才选育机制、管理融合过渡期、安置融合过程中超编超额人员四大问题，对三明市融媒体中心的管理机制创新进行了系统分析，以期为其他地市级媒体提供有益参考。

一、如何建立适应全媒体传播的一体化组织架构？

从媒体融合改革的本质来看，组织机构、渠道与人员的优化调整已经成为目前地市级融媒体中心落实变革转型的基础，是地市级媒体跨越技术的简单相加，实现系统化深融的重要方向。一方面，地市级媒体在融合之前，通常基于主要业务活动的类别来划分部门，形成了以职能为导向的结构体系，各专业部门和职能单位之间保持相对独立，按照预设的职能运作，缺乏灵活性和适应性，容易造成体系架构僵化，导致部门利益互相区隔，部门间的合作与联系存在天然的障碍，难以匹配媒体深度融合阶段主流媒体资源配置、运营形式、内容生产等方面的需求。另一方面，目前虽然部分地市级媒体机构先行先试，率先实现融合试点，但融合之后的市级融媒体中心依然存在组织架构冗余、部门职能重叠、资源分配不均等问题，影响媒体机构的整体运行效率，也阻碍媒体内部激发创新活力。[1]

2020年11月，国家广播电视总局印发的《关于加快推进广播电视媒体深度融合发展的意见》提出，"以全媒体思维重塑广电媒体组织架构"[2]；2020年9月，中共中央办公厅、国务院办公厅印发的《关于加快推进媒体深度融合发展的意见》指出，"要深化主流媒体体制机制改革，建立适应全媒体生产传播的一体化组织架构"[3]，对主流媒体组织机制再造提出了要求。由此可见，无论是政策视角还是行业实践的现实需求，都体现出地市级媒体探索优化适应媒体深度融合的组织结构、解放采编人员生产力的重要性和必要性。这意味着地市级

---

[1] 黄楚新,许可.数智时代我国地市级媒体融合的发展特征与趋势展望[J].南方传媒研究,2024(4):10-16.
[2] 广电总局印发《关于加快推进广播电视媒体深度融合发展的意见》的通知[EB/OL].（2020-11-13）[2024-11-03]. https://www.gov.cn/gongbao/content/2021/content_5582647.htm.
[3] 中共中央办公厅 国务院办公厅印发《关于加快推进媒体深度融合发展的意见》[EB/OL].（2020-09-26）[2024-10-29]. https://www.gov.cn/xinwen/2020-09/26/content_5547310.htm.

媒体需通过重新审视部门设置原则、重新整合相近的业务资源，搭建具有互联网思维、适应全媒体生产传播的组织架构，由此促进各部门间的互融互通，提升组织运行与资源配置效率，实现更高效的组织协同。三明市融媒体中心充分考量政策要素，结合区域发展特征与受众需求，推进部门、资源与平台的整合，加快构建适应全媒体时代生产传播特征的集约化、一体化的组织架构，为推动自身高质量发展提供有效保障，也为地市级媒体优化升级组织架构提供有益参考。

优化调整组织内部结构。建立一体化组织架构意味着媒体在部门设置与管理层面上建立契合数智时代需要、适应技术变革趋势与新媒体时代的传播规律的组织联结模式，打破传统媒体按照不同平台和渠道分割的部门壁垒障碍，实现组织机制内部的高效运转。地市级媒体机构可以通过建立包含多样化业务或多类组织活动的部门，将流程相近或贡献相似的组织活动集中于同一个综合性部门内，促进资源整合与协同效应的发挥，使媒体机构能更加适应当前多元化的业务需求，提升媒体内容生产效率与质量。三明市融媒体中心坚持"移动优先"的原则，以融媒思路调整内设机构，优化采编资源配置，整合了原三明日报社、原三明市广播电视台、三明网三家单位场所资源，将原三家媒体25个部室调整归并为11个内设部室，对人力、技术、内容等核心资源进行统筹管理，将业务相近、关联度强的部室配属相应工作分区，改建为媒体调度、新媒体、编辑照排、广播制播、电视演播等工作分区，推动三家单位人员集中办公，合并精简机构，推动采编力量向新媒体业务转移，培育了更多全媒编辑、全媒记者、全媒经营管理人才。

此外，在精简总部机构的基础上，为了激发人员干事活力，中心按照以岗定责、以岗定薪的原则，把竞争激励机制引入员工选拔任用和一般干部轮岗交流工作，中心干部职工全员参与"竞争上岗、双向选择"，部门可以选员工，员工可以选部门。这种人岗相适、人尽其才的优化组合，使每名员工都找到了更适合自身发展和能实现自我价值的平台，使员工内生动力充分释放，人岗匹配度明显提升，营造了干事创业的良好氛围。另外，为提高采编工作的效率和水平，中心将更多员工投入到采编一线，让更多的采编人员参与网络新媒体业务，使主力军挺进互联网主战场，实现了新闻生产传播由传统模式向新媒体时代的转变。

三明市融媒体中心主要分为三大类和11个内设部室（见图1）。行政部门作为中心的管理核心，下设综合办公室、人力资源部和技术保障部。业务部门是三明市融媒体中心的内容生产引擎，由总编室、全媒体新闻部、全媒体编辑部、全媒体专题部、全媒体音视频部5个专业部门

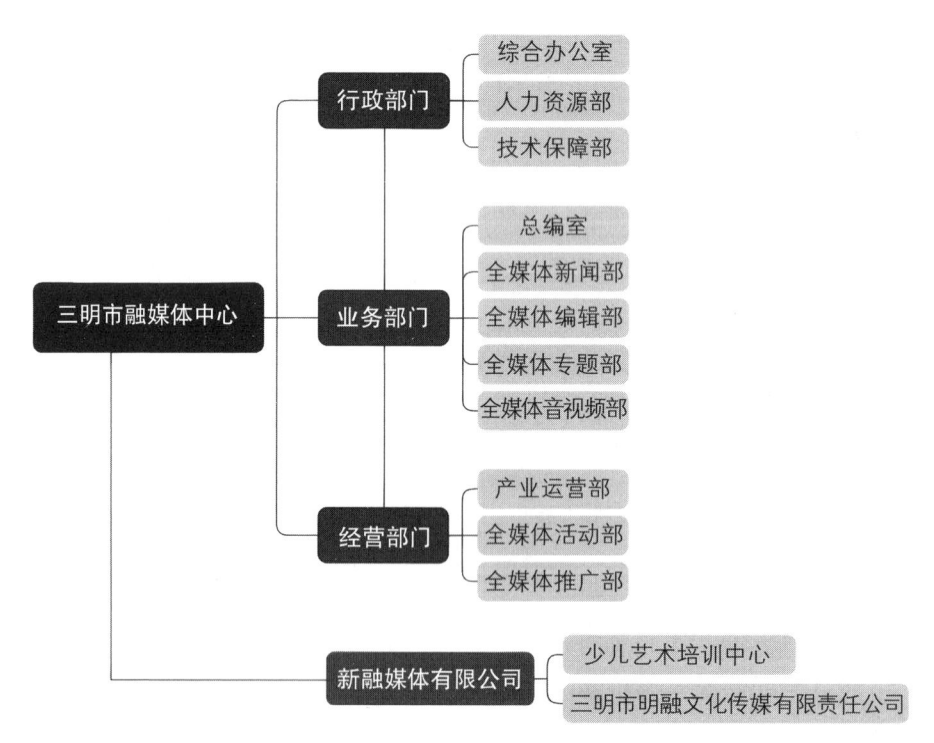

```
三明市融媒体中心
├── 行政部门
│   ├── 综合办公室
│   ├── 人力资源部
│   └── 技术保障部
├── 业务部门
│   ├── 总编室
│   ├── 全媒体新闻部
│   ├── 全媒体编辑部
│   ├── 全媒体专题部
│   └── 全媒体音视频部
├── 经营部门
│   ├── 产业运营部
│   ├── 全媒体活动部
│   └── 全媒体推广部
└── 新融媒体有限公司
    ├── 少儿艺术培训中心
    └── 三明市明融文化传媒有限责任公司
```

图1　三明市融媒体中心组织架构图

组成。在总编室的统筹和把控下，全媒体新闻部、全媒体编辑部、全媒体专题部、全媒体音视频部协同运作，打造了新闻策划、生产、编辑、传播、接收和反馈的完整生态系统，这种设置充分体现了"全媒体"理念，实现了内容的"一次采集、多种生成、多元传播"。经营部门聚焦三明市融媒体中心的市场化运营机制，包括产业运营部、全媒体活动部和全媒体推广部，为中心创造经济效益，保证中心的自我造血机能。

有效整合技术与人力资源。中心充分整合原三家单位各自建设的"中央厨房"，将指挥调度、全媒采编、大数据分析、网络安全保护等功能囊括于一体，实现了原三家单位内容、技术、终端等共享融通。此外，中心的全景演播厅按照全媒体直播要求来设计，广播、电视、报社、新媒体共同使用，实现一台六通。中心还将广播和电视的播控机房合二为一，共同承担广播、电视高标清同播节目的播出，信号调度和监听监看任务，不仅节省了大量的场地和 UPS、动环监控和精密空调等设备投资成本，还实现了监播人员和技术人员的精简，值机人员由原先的 15 个减少到 9 个，从而实现了人力资源的节约和优化。

二、如何打破身份限制创新人才选育机制？

做好人才工作是媒体融合改革的现实之需。2016 年 2 月 19 日，习近平总书记在党的新闻舆论工作座谈会上发表重要讲话，强调："媒体竞争关键是人才竞争，媒体优势核心是人才优势。"[1]这一重要论述阐释了人才在媒体创新发展中的关键地位，也有力证明了人才要素

---

[1] 习近平在党的新闻舆论工作座谈会上发表重要讲话［EB/OL］.（2016-02-19）［2024-11-01］. https://news.cri.cn/2016-02-19/9eea7c05-d3de-df82-d025-cb63afcdd00a.html.

在地市级媒体融合中的重要作用。随着5G、大数据、云计算、人工智能、区块链、元宇宙等技术迭代升级，媒体内容形态不断创新，信息生产处理与内容传播的方式发生颠覆性变化，新模式新场景不断涌现，产业变革深入演进，推动着传媒行业向更加智能化、个性化的方向发展。如何打破身份限制，打造一支具有互联网思维和创新精神、具备专业技能和素质的融媒体人才队伍，对地市级媒体融合转型而言，既是关键任务，也是亟须突破的难点问题。

但目前，一些地市级媒体机构的人才队伍建设缺乏系统性与科学性。从人才机制来看，部分地市级媒体机构人才队伍高龄人员队伍庞大，新媒体领域的年轻人才储备不足，呈现出明显的结构性矛盾；受编制、身份、待遇等因素影响，人才队伍活力与黏性不足，骨干人才流失严重，限制了地市级媒体发展活力。从人才能力来看，部分人才互联网思维能力欠缺，对数字化、智能化技术的掌握和运用能力亦有待提升。因此，地市级媒体融合要取得实效，需要在"人才"上做文章，合理有力"引才""育才""用才"，通过行之有效的人才机制强化队伍能力建设。三明市融媒体中心打破了人员身份限制，通过选优配强、选育孵化、激励管理等行之有效的方式，着力推动人才选育理念、模式、策略的创新，培养出了一批"能打善战"的精兵强将。

优化干部选拔与调配计划，提升组织管理效能。基于人才培养与组织结构优化的战略考量，三明市融媒体中心全面优化干部选拔与调配计划。一次性从中心提拔三名科级干部至副处级，其中两名留任该机构担任副主任，一名进行跨部门调动担任副区长；同时，原领导班子中的一名成员被调任至高校任职。为进一步充实领导力量，三明市融媒体中心从外部单位引进并任命两名副主任，构建了由一名正职领导和四名副职领导组成的全新领导班子。在选人用人方面，中心对在编与非编人员一视同仁，突出实绩导向，打破"论资排辈"，为想干事、会干事、能成事的年轻干部打通上升通道，给予年轻人才施展能力的空间，将三名80后一线采编人员提任编委，其中还包括一名非在编人员，他们享受和部室主任相同的绩效系数，有效提升了中心组织管理效能，实现了人力资源效益的最大化。

实施全面的留才与引才战略，补齐人才短板。面对新技术、新场景，地市级媒体需把握目前行业与技术发展的实际需求与未来发展方向，制订短中长期的对外引才与对内留才方案与计划，通过实行有效的人才战略，补齐自身短板弱项。三明市融媒体中心开辟"绿色通道"，将新闻传播学类相关专业纳入市人才引进和招聘紧缺专业，通过紧缺专业免笔试方式招录了17名专业技术人才。此外，中心积极争取上级部门支持，对入编条件进行适度放宽。对具有中级职称的员工，将入编年龄上限提高至40岁；对拥有副高级及以上职称的高级人才，进一步放宽入编年龄限制至45岁，以人性化机制留住了优质人才。

强化"选育孵化"，构建"融媒特种兵"式人才培养模式。为选拔打造一支坚持正确舆论导向、严守职业道德，具备"一人全能""全能多专"，适应媒体深度融合发展需要的全媒体人才队伍，中心通过"走出去""请进来""自己学"等方式进行人才"选育孵化"。搭建"融媒工作室"育人平台，启动"融媒特种兵"培训工作，面向一线选育"融媒特种兵"，采用"三年选拔、梯度晋级"的策略，通过预选、实训、考核和运用四个阶段逐步筛选和培养人才。同时，中心融合了多元化培训方法并引入了"导师制"和"轮岗制"等创新机制，目前已举办"融媒特种兵"云课堂20余期。通过教育培训、老带新传帮带、特岗特招等一系列举措，使人才引得进、留得住、用得好。中心赋予融媒工作室较大的用人自主权、资源使用权，以企业化机制高效运作，并在评先评优、绩效考核、职称评聘、新闻奖推荐中，根据实绩对工作室领衔人和成员给予不同程度的倾斜，不断释放人才队伍发展活力。目前，中心已有一批人员成为新闻业务"多面手"，干部队伍整体素质得到极大提升。2023年，共开展14场新闻业务理论培训活动，有600余人次采编人员参与。2023年4月成立芳华融媒工作室、清语融媒工作室、如画融媒工作室、明声融媒工作室、知明融媒工作室等5个融媒工作室，由"融媒特种兵"领衔工作室，中心其他培育对象全程参与工作室策划与创作。截至2023年12月，各工作室根据自身定位生产创作了130多个特点突出、风格鲜明的优质全媒体产品。

有效激励人才，建立适应融合发展的人才激励体系。地市级媒体靠感情留人、行政职务提升留人的管理模式已经无法适应新的市场形势，需建立起适合媒体融合发展的职业激励制度，通过嘉奖、记功、劳模评选等方式推进人才创新创优，强化育才用才效果。为了常态化推进中心新闻创优工作，检阅中心新闻工作阶段性业绩，促进新闻采编部门多出好作品，三明市融媒体中心设立"红岩"新闻奖，每四个月开展一次内部新闻评优活动。同时，试行制片人负责制，对超额完成年度工作目标任务的制片人团队进行奖励；评选"年度十佳记者"，并对评上"十佳"的记者进行额外奖励。目前，已有24名员工获市级以上各类荣誉。

良好的人才选育机制有力增强了三明市融媒体中心的优质内容产能。自中心挂牌至2023年12月，中心各新媒体平台总粉丝数突破610万人，累计阅读量达105亿人次，百万+阅读量作品2783条，千万+阅读量作品54条，阅读量在2023年达到39.5亿人次，年均增长达180%。融合以来，中心共有228件作品获得中国新闻奖、福建新闻奖、福建广播电视艺术奖、中国地市报新闻奖等奖项。其中，4件作品分别在2022年度、2023年度、2024年度获中国新闻奖奖项；中心网络纪录片《"赶粉"记》获评国家广播电视总局2023年第三季度优秀网络视听作品和优秀国产纪录片，并被列入2023年度"光影记·福建新故事"优秀电视短纪录片扶持名单。

三、市级媒体融合过渡期如何管理？

地市级媒体融合是一个多维复杂的系统性工程，要求媒体机构不断完善体制机制，优化调整组织机构、渠道与人员结构，实现技术赋能下的内容生产的协同、传播渠道的多元畅通、经济效益的合理转化与服务治理效能的提升。市级媒体融合过渡期的管理，直接关系到媒体机构的生存与发展。但是从"相加"到"相融"的过渡期，可能存在人员心理抵触、组织结构调整不当、技术系统整合障碍、财务管理复杂、人员整合困难等问题，严重制约融合效果。三明市融媒体中心明确融合方向和目标，科学应对融合过渡期的特点和问题，从思想观念、财务管理、组织结构等方面精准发力，在媒体融合的过渡期中站稳了脚跟，为未来进一步转型发展奠定良好基础。

第一，人心的融合是保障媒体融合顺利推进的内在动力。媒体融合是机构的融合、渠道的融合、技术的融合、内容的融合，更重要的是人心的融合。中心充分认识到"融合先融人心、转型先转观念"的重要性，重视并强化采编人员的"互联网意识"、"全媒体意识"和"移动优先"意识，培养"以用户为中心、以受众需求为导向"的理念，通过形势分析、专题学习、辅导报告、座谈交流等多种形式展开学习讨论，让员工充分认识到媒体格局和舆论生态的深刻变化，提高政治站位，清晰认识自身角色和价值，明确使命担当，真正实现从"要我融"到"我要融"和"我想融"的转变。此外，在融合的过程中，中心始终注重团结向上，破除人心隔阂，在提拔任用、绩效管理等方面，对来自三家单位的干部员工、对在编非编人员做到一视同仁，充分调动了各方积极性与归属感。2022年5月，三明市在福州举行"牢记使命 奋斗为民"系列主题专场新闻发布会，中心仅派出3名记者就完成了一系列采访报道任务。在报纸方面，完成了答记者问和现场图片综述两个专版，写出了7篇新闻报道；在广播电视方面，分别制作了5条广播新闻和5条电视新闻；在新媒体方面，发布了16篇微信公众号文章和短视频作品。[1]

第二，组织机制的重塑优化是地市级媒体融合过渡期管理的关键环节。在向省委编办申请定编时，中心面临指挥体系不畅的问题。具体来说，由于原三明日报社、原三明市广播电视台、三明网三家单位分别是正处级、副处级和科级单位，存在级别差异和隶属关系的复杂性，在资源配置、决策权重和管理幅度等方面难以分配均衡，极易导致在媒体融合过渡期出现权力真空或者管理重叠问题。此外，由于缺乏直接的上下级关系，各单位"互不隶属"，形成了"报社领导指挥不了电视，电视指挥不了报纸"的尴尬局面，影响了日常工作中各部门的协调性，也为融合后的统一管理埋下隐患。为了破解这一困境，三明市委组织部门对"一把手"做了合理安排，原广播

---

[1] 实战案例！三明市融媒体中心融合发展的实践样本［EB/OL］.（2023-06-17）［2024-11-02］. https://www.thepaper.cn/newsDetail_forward_23525508.

电视台台长提任报社社长、总编,并兼任广播电视台台长。加强班子建设,充分发挥班子作用,中心向市委提出在新的党组批复成立前,由报社党组代行使职权,较好解决了指挥不畅的问题,充分体现了媒体融合过渡期中心改革工作的灵活性和务实性,也为后续的组织重构创造了有利条件。

第三,完善财务管理策略是地市级媒体融合顺利推进的重要支撑。在融合过渡期的财务管理上,中心采取"对外不变、对内统筹"的管理策略。具体来说,各单位的账户仍然保留各自的法人地位和财务主体资格;与此同时,对内实行资金统筹管理,允许融媒体中心集中管理创收收入,对各单位资金进行统一调配和使用,统一安排创收收入及公积金、医社保等支出。这种财务管理举措既保持了对外业务的连续性,又实现了对内的资源整合,为媒体融合过渡期奠定了坚实的基础。

第四,建立健全各项内部管理制度是地市级媒体转型升级的机制保障。市级媒体应完善用人机制、薪酬分配等各项内部管理制度,同时注重制度的落实和执行,确保各项制度得到有效贯彻和执行。通过制度创新激发员工的积极性和创造力,提高整体工作效率和管理水平。在合理定岗定员的基础上,三明市融媒体中心按照"科学定酬、同工同酬、优劳优酬"的原则进行了薪酬机制的改革,重新制订绩效分配方案,绩效部分同岗同酬考核,消除编内编外差别。通过融媒绩效、通联绩效、奖励绩效等动态绩效管理办法,实现优劳优酬。创新提出建立"事业+产业"绩效分配体系,破解多数媒体由于其事业单位属性而普遍受事业单位绩效盘子总量制约、产业发展效益在现行绩效体系中无法得到充分体现的困扰。中心以前三年创收平均数为基数，提取超额部分 30% 作为产业绩效进行发放。

四、如何安置融合过程中超编超额人员？

超编超额人员是指超出机构编制部门核定的编制员额配备的工作人员。在媒体融合进程中，由于部室精减，不同媒体机构合并时常常造成岗位重叠，许多科级干部欠缺合适的岗位安排，且部分科级干部临近退休，不适合继续担任实际职务，加剧了人员冗余的状况，为媒体机构的管理和转型带来了巨大挑战。合理安置融合过程中超编超额人员是媒体机构人力资源改革的关键，能为媒体融合的深入推进奠定坚实的人才基础，从而实现真正意义上的"融媒体、融内容、融技术、融人心"。

对于这部分超编超额人员，目前多数机构采取的安置方式有：其一，暂时超编、超职数、超岗位作为过渡，实行实名制管理，退一减一，在 3—5 年内将超编超额人员消化完毕。其二，针对机构改革前曾担任领导职务，但改革后无法继续安排领导岗位的人员，保留其原有的待遇，转入二线工作，不再占据实际岗位。其三，对部分已取得相关专业技术资格的人员，根据具体岗位的条件和要求，允许将其聘用到相应的专业技术岗位，并按照事业单位的人事管理制度执行。其四，采取超编过渡的方式，遵循"只减不增、自然消化"的原则，逐步解决超编问题。但由于部分超编超额人员分布在采编、技术、管理等多个岗位，具有不同的专业背景和工作经验，若以传统的方式安置，将会影响其履职效果，抑制工作积极性。而且由于超编超额人员的身份问题，对该部分人员调查、核实、甄别、定性、管理难度较大，导致严重影响了其优势作用的发挥。如何通过行之有效的制度设计，合理安置融合过程中超编超额人员，充分调动全员的工作积极性，增强编制内外人员的归属感与凝聚力，是影响地市级媒体核心竞争力的关键。

为解决这一问题，三明市融媒体中心与上级党委、政府及编办、人社、组织、财政等部门充分沟通，通力合作，秉承创新理念，共破改革发展难题。创新实施"首席制"，充分利用现有人才资源，将超额科级职数人员的职级待遇保留不变。同时，根据其专业背景、技能水平和工作经验，安排他们担任新闻图片总监、首席通联、视频总监、首席制片人、首席记者等重要岗位，突出强调首席角色的核心地位及其对生产传播效果的引导作用，给予其更大的空间并充分赋予其主导权和指导权。

首先，"首席专家"既不占中心科级编制，又能保障员工的切身利益，避免了因裁员或转岗带来的内部不稳定因素。通过合理配置人才资源，中心能够在不增加人力成本的情况下，提升整体运营效率和内容生产的专业水平。其次，中心给予首席角色执行任务的灵活性和弹性，可以充分调动其在内容传播中的主观能动性和创造力，最大限度发挥其在生产决策、资源调度、技术创新中的领头优势。最后，中心对超编超额人员进行全面的能力评估，精确把握每位员工的优势和潜力，明确首席岗位的职责和权限，确保他们在岗位上能够发挥自身优势，这充分体现了中心对员工的尊重和人性化关怀，有效激发了员工的工作热情，为中心的高质量发展注入了新的活力。

在"首席专家"的带领下，中心持续推进内容品质升级，一批特点突出、风格鲜明的融媒体产品不断涌现——纪录片《"赶粉"记》

入选国家广电总局优秀网络视听作品、2023年"光影记·福建新故事"优秀电视短纪录片,《一粒种子的"芯"路》获中国地市报优秀新闻作品新闻专题类一等奖,融媒作品《国宝看三明·我是你的"堡堡"》入选省广播电视局2024年"中国梦 新征程"原创网络视听节目……

第三章　流程再造

2024年7月21日，党的二十届三中全会发布《中共中央关于进一步全面深化改革、推进中国式现代化的决定》，其中明确提出要"加快适应信息技术迅猛发展新形势""构建适应全媒体生产传播工作机制和评价体系，推进主流媒体系统性变革""优化文化服务和文化产品供给机制""探索文化和科技融合的有效机制，加快发展新型文化业态"等新内容，不仅对当前内容传播环境做出回应，也对未来媒体融合工作提出指导性要求。随着信息社会的不断发展，推进主流媒体进行系统性变革是适应新传播趋势的迫切需要，这要求融媒体中心做好流程再造工作，在舆论生态、媒体格局、传播方式发生深刻变化的深度媒介化时代，更快适应全媒体生产传播新形势，构建以主流媒体为主导的全媒体传播体系，牢牢占据舆论引导、思想引领、文化传承、服务人民的传播制高点。

一、如何实施"移动优先"战略？

技术迭代所带来的传播生态变革不断影响媒体生产流程，移动化趋势成为我国媒体融合发展的宏观背景。中国互联网络信息中心

（CNNIC）发布的第 54 次《中国互联网络发展状况统计报告》显示，截至 2024 年 6 月，我国网民规模近 11 亿人，较 2023 年 12 月增长 742 万人，互联网普及率达 78.0%。与此同时，短视频成为新增网民"触网"的重要应用，在该群体首次使用的互联网应用中，短视频应用占比达 37.3%。目前，我国网络用户的信息获取和使用方式已经呈现出碎片化、即时性及参与性的特征。其一，信息呈现与传播方式的根本性革新使网民的信息获取具有显著的碎片化特征。一方面，其体现在信息获取渠道的多样化方面，网络用户不再局限于单一消息源，而是通过社交媒体等多种渠道，接收海量的片段式信息。另一方面，其体现在网络用户的信息阅读时间和时长之上，传统媒体时代集中、长时间的信息摄入习惯被打破，取而代之的是碎片化及短平快的内容接收新方式。其二，数字技术的发展使信息传输速度更快，网络用户的即时性需求使新闻媒体的内容生产速率变快。比如，2015 年 11 月 7 日，新华社推出第一位机器人记者"快笔小新"，经过不断迭代开发，其具有 24 小时不间断工作、快速生成新闻稿件等强大的"写稿"能力。其后，《人民日报》、今日头条等新闻媒体纷纷以智能技术提升内容生产速率，满足用户信息接收的即时性需求。其三，在内容传输和接收的碎片化、即时性特征下，网络用户的参与性也不断增强。技术赋能使网络用户不再仅是信息的被动接收者，也成为生产者和传播者，通过评论、分享等互动方式积极参与信息的二次传播，提升了网络用户的话语权。

根据以上背景内容，本书提出四条对策。

其一，要推动主流媒体全面挺进传播主战场，加强对移动端的资源汇聚与倾斜。在信息传播渠道多元化趋势下，传统媒体的影响力逐渐减弱，互联网终端尤其是移动端地位攀升。为体现"移动优先"，主流媒体应制定并实施好"两步走"战略，其中整合分散的媒体资源是首要任务。媒体资源不仅包括内容产品，还包括内容生产团队，涉及技术研发、市场运营、资金分配等多方面。其后，要将所有资源整合融合，并优先助力移动端，为内容输出奠定坚实基础，吸引更多用户关注，带来流量支持。这不仅是为主流媒体更快适应数字化时代传播生态的变化，而且是为了增强地市级融媒体中心在移动端的竞争力，助力其占领新兴的传播阵地。三明市融媒体中心由原三明日报社、原三明市广播电视台、三明网3家单位合并而成，将原3家市直媒体25个部室精简归并为三大类11个部室，下辖印刷厂等两家企业，共有干部职工214人。中心在坚持移动优先原则的基础上，充分整合归并现有岗位，坚持把主力采编队伍放到网上，建立了适应全媒体生产传播的一体化组织架构。同时，三明市委、市政府也以科学有力的顶层设计和一以贯之的政策保障，为三明市融媒体中心的改革发展铺平了道路，从结构性改革的角度为融媒体中心的建设提供了有力支撑。通过组织结构和资源配置的转变，媒体内容能够更快速、精准地触达目标用户，内容传播的传播力、影响力、引导力和公信力得到提升。

其二，建立高效的融媒体生产机制，构建一体化采编系统。传统媒体时代的采编模式面对移动化时代的冲击，出现了流程分散、操作烦琐等问题，无法适应网络用户的信息接收需求。因此，要成功实现"移动优先"战略，必须立足新传播特征，重塑采编生产流程，使其更加集中、统一和高效。融媒体中心应先建立起一体化的采编发系统，通过"一次采集、多元传播"等方式，使信息内容能够更灵活地适应多平台的传播需求。其后，通过整合采编力量，融媒体中心应建立一支跨媒体形态的全媒体采编团队，同时为报纸、客户端等多个传播终端提供内容支持。在采编流程上，打通策、采、编、审、发全流程，坚持"移动优先，先网后报（台）""一次采集，多元分发"，实现新闻舆论宣传由单兵作战向多兵种联合作战的跨越，推动融媒体中心从"相加"向"相融"迈进。三明市融媒体中心将原三家单位拟各自建设的"中央厨房"进行整合，建成集指挥调度、全媒采编、大数据分析、网络安全保护等于一体的新型"中央厨房"，实现内容、技术、终端等共享融通。经过关停并转一批受众少、影响力弱的报纸版面和电视节目，中心将原三家单位各类新媒体资源进行整合，全面再造"策采编发评"生产流程，建立常态化融合立体传播机制，在重大主题报道中整合采编资源，全方位开展全媒体联动和融合传播，形成新闻宣传合力。三明市融媒体中心的采编生产流程的重组再造确保了新闻内容的高效流转与快速分发，不仅能够提升内容生产效率，还能强化不同媒体形态之间的协同合作，实现新闻宣传的多部门联合作战。

其三，要优化发布机制，破除传统媒体本位意识。媒体融合之前，传统媒体与新媒体之间常常呈现出一种各自为战的状态，部门之间的协调与合作相对有限。这不仅影响了信息的传播效率，也制约了内容的整体质量和影响力。因此，为了确保"移动优先"战略的成功落地，主流媒体亟须对现有的发布机制进行全面的优化，打破部门间的隔阂，消除传统媒体的本位意识。在顶层设计层面，融媒体中心应明确新媒体的重要性，不再将其视为传统媒体的附属平台，而应将其作为内容发布的主阵地。这样的转变不仅反映了传播环境的变化，而

第三章　流程再造

且适应了用户信息消费习惯的演变，将新媒体视为信息传播的主渠道，有助于提升媒体机构的整体传播能力与市场竞争力。2014年8月18日，中央深改小组出台《关于推动传统媒体和新兴媒体融合发展的指导意见》[①]，作为标志性事件加快了传统媒体向移动传播场域挺进的步伐。同年，《人民日报》、新华社等多家媒体相继推出新版客户端，并上线多种新媒体产品。在内容生产方面，媒体机构必须对移动端内容进行精雕细琢，不能简单地将传统媒体的内容直接搬至新媒体，应根据不同传播渠道的特征进行针对性调整。例如，移动端用户通常更倾向于快速获取信息，因此在内容呈现上应更加简洁明了，突出关键信息，并配以多样化的呈现形式，如短视频、图文等，以吸引用户的注意力。此外，融媒体中心也可以借助新技术赋能，利用大数据分析用户偏好，更精准地生产和推送符合目标受众需求的内容。比如，《深圳商报》"读创"客户端于深圳经济特区建立43周年之际，推出的融媒体产品《43岁，深爱不减——为深圳经济特区开启43岁庆生盲盒》，结合了SVG（Scalable Vector Graphics）动画技术，能够通过代码直接编辑图像和动画，兼具创意性和互动性，取得了良好的互动传播效果。[②]在内容发布上，融媒体中心需进一步明确各部门的发稿优先级。特别是对于重大新闻事件、突发事件及群众关注的热点话题，应优先通过移动端进行发布，确保新媒体平台能够在短时间内覆盖更多目标用户。这不仅能提高信息的时效性，还有助于提升公众对媒体的信任

---

① 新闻出版广电总局 财政部关于推动传统出版和新兴出版融合发展的指导意见［EB/OL］.（2015-03-31）［2024-11-02］. https://www.gov.cn/gongbao/content/2015/content_2893178.htm.

② 江晓蚕，邱思艳.融媒精品如何"炼"成：数智赋能、技术升级与思维变革［J］.南方传媒研究，2024（2）：96-100.

度和依赖性，通过全媒体矩阵的传播优势，进一步扩大内容的影响力。

其四，要进行观念的转变，从被动融合到主动融合。观念的转变一方面体现在个体层面。最初，许多媒体从业者对媒体融合没有深刻的感受，甚至感到在被迫接受变化，而随着媒体融合的推进，越来越多的从业者开始亲身体会到融合带来的效率提升和影响力扩大。观念的转变更体现在行业发展趋势上。通过不断强调新媒体的优势和重要性，融媒体中心能够让更多的从业者理解和支持"移动优先"战略的实施，使这一战略在内部得到更广泛的认同和配合。三明市融媒体中心十分重视强化采编人员的"互联网意识"、"全媒体意识"和"移动优先"意识，通过加强培训、完善考核办法等，引导文字、视频记者向全媒体记者转型，真正做到"移动优先"。2023年10月，近40家中央主要新闻单位和全国性行业类媒体的编辑记者到三明开展增强"四力"教育实践活动，该活动由新闻战线"三项学习教育"活动领导小组办公室和中国记协举办。三明市融媒体中心抓住这个机会，派出得力的编辑记者跟团学习，随团采访，8名记者5天之内就创作出61条融媒体作品，分别在报、台、网、端、微各平台发布。报纸平台刊发了9篇稿件、2个图文专版，广播电视平台播发了5条新闻，新媒体平台推送了12条图文微信、33个短视频。

二、如何优化新闻采编资源配置，实现流程再造？

在移动化传播的时代背景下，主流媒体时刻面临着融合挑战与发展困境。为适应快速变化的市场环境，优化新闻采编资源配置和实现流程再造成为媒体机构生存与发展的关键。优化新闻采编资源配置作为流程再造的实现前提与提高效率的基础，也是应对媒体融合挑战的必然选择。通过整合现有资源、重构技术支撑系统和共享播控资源，融媒体中心能够更好地满足受众日益增长的信息需求，提高内容的传播质量和效率。

其一，不断整合现有媒体资源，坚持"融为一体、合而为一"的原则。比如，在运营机制上实行"中心＋集团""事业＋产业"等改革方式，"中心＋集团""中心＋公司"等运行机制，创造性发展"两块牌子、一套班子、一体运行"等多样化的融合模式，推进事业产业双向发力。江西南昌市融媒体中心就依托南昌日报社组建，采取部分整合模式，重点对南昌日报社、南昌广播电视台的采访、编辑两大板块进行了机构整合和流程优化。[1] 晋城市则将原太行日报社和晋城广播电视台合并，组建成立晋城市新闻传媒集团，实行三块牌子一套人马的运行机制，太行日报社和晋城广播电视台作为党的意识形态的重要载体和财政投入的主体，保留事业单位性质和事业单位法人，由市委、市政府授权晋城市新闻传媒集团管理。[2] 经整合融合而形成的融媒体中心，不仅消除了部门间的工作壁垒，还能充分利用各方资源优势，形成更强大的传播能力，确保媒体机构在面对突发事件时能够迅速作出反应，保证信息的及时发布。

其二，共享整合媒体自建系统。作为资源配置优化的另一重要环节，三明市融媒体中心通过将原三家单位各自建设的"中央厨房"进

---

[1] 从"新"出发 向"融"而行：写在南昌市融媒体中心挂牌成立时[EB/OL].（2023-06-26）[2024-11-02]. https://baijiahao.baidu.com/s?id=1769736069133151418&wfr=spider&for=pc.

[2] 【案例】山西晋城市融媒体中心：依靠改革做实媒体融合[EB/OL].（2022-06-14）[2024-11-02]. https://www.sarft.net/a/211189.aspx.

行整合，建立集指挥调度、全媒采编和大数据分析等功能于一体的"中央厨房"，实现内容、技术和终端的共享。这一举措不仅节约了1000多万元的经费投入，还降低了网站机房三级等保的建设费用，提高了新闻采编工作的效率与协调性。

其三，共享播控资源。三明市融媒体中心通过将广播和电视的播控机房合二为一，共同承担两套调频广播和两套电视高标清同播的节目播出任务，不仅节省了大量的场地和设备投资成本，还实现了监播人员和技术人员的精简，值机人员由原先的15个减少到9个，优化了人力资源配置。这种资源的高效整合，不仅提高了工作效率，还提升了节目质量，确保了信息传播的及时性与准确性。

流程再造是提升新闻采编效率、对重大事件作出快速反应的重要途径。在全媒体环境下，传统的采编流程已无法适应快速变化的市场需求，亟须进行系统性的流程再造。由此，本书进一步提出以下三点举措建议。

其一，建立全媒体采编流程。为了适应新媒体时代的要求，"北京时间"新媒体传播矩阵作为北京广播电视台的官方新媒体，制定了"图文＋直播＋短视频"三驾马车并驾齐驱的融合运营策略，同时以"人无我有、人有我优"为执行策略，在媒体发展的新格局中始终寻求差异化、多样化的突破，打造出色、出圈、有质、有量的扛鼎内容。目前，"北京时间"旗下官方70余个账号，涵盖了海内外各大社交平台，全网粉丝总量近6000万。[1] 通过新流程的建构和运行，明确

---

[1] 北京市两个项目获评全国广播电视媒体融合典型案例［EB/OL］.（2024-08-31）［2024-11-02］. https://baijiahao.baidu.com/s?id=1808806521349401513&wfr=spider&for=pc.

各类稿件发布的顺序和时效，确保重要任务和重大突发新闻事件能够在第一时间向新媒体供稿，真正做到"移动优先"，融媒体中心能够更加灵活地应对不同平台的需求，实现内容的高效传播，进一步增强了全媒体矩阵传播的时效性和广泛性。

其二，进一步破除传统媒体的本位意识。三明市融媒体中心通过明确各部门的发稿优先级，特别是在涉及重大新闻事件时着重强调新媒体的重要性，使新媒体能够在第一时间获取并发布信息。鄂尔多斯市融媒体中心整合原广播电视台、日报社、新媒体中心3家媒体资源，集中力量打造"暖新闻"客户端及系列同名平台号，形成"台报网、端微屏"优势互补、品牌传播的"暖新闻"全媒体传播体系。打通广播、电视和报纸相关业务系统，建设全媒体融合平台及指挥调度平台、城市资源库平台，为新型采编流程提供一站式、一体化技术支撑。诸如此类的机制改革能够使全媒体间的协作更加紧密，凸显移动化传播的特征，为不同部门共同应对传播生态的变化提供了保障。

其三，强化内容策划与多元化传播策略。在深度融合转型的过程中，主流媒体需进一步增强内容策划与多元化传播策略的制定能力。内容策划是吸引和留住受众的关键，主流媒体必须通过市场分析与用户调研，明确报道的主题、角度与方式，以提供高质量、有价值的内容。同时，融媒体中心还需打破传统传播模式，通过社交媒体、短视频平台、移动应用等新兴媒体形态，将内容传递给更广泛的受众。多元化的传播策略，不仅提高了信息的传播范围，也能提升公众对媒体的信任度和依赖度。比如，三明市融媒体中心在新闻选题策划方面，除了每日编前会，还创新了"3+1"制度，即"月""季""年"策划制度和重大主题报道联席会议制度。这一制度使新闻策划更加系统化和规范化，各平台之间联动，形成合力，推动融媒体的整体发展。在重大主题宣传中，三明市融媒体中心提倡"集团作战"和全平台传播，放大一体化效能，以适应新时代信息传播的需求。中心在实践中摸索出了"N个一"的融合报道模式，充分利用各媒体平台的特点和优势，形成多维度的信息传播。新报道模式的成功应用不仅提高了信息的传播效果，也为中心在新媒体传播市场中的竞争力提供了有力支撑。

优化新闻采编资源配置与实现流程再造是当今主流媒体实现"移动优先"战略、更好进行媒体融合的必经之路。通过整合资源、共享媒体自建系统和播控资源，融媒体中心能够提升资源利用效率，降低成本。同时，通过建立全媒体采编流程、破除本位意识及强化内容策划与多元化传播策略，地市级融媒体中心能够提高信息传播的时效性和准确性。未来，地市级媒体应持续探索，加强创新意识，更好地适应新的传播需求，如加强技术应用能力，运用5G、大数据、人工智能等新技术，打造更多融媒精品力作。同时，持续激发创新动力，通过强化薪酬分配、团队管理和人才培养等体制机制创新，为推进媒体深度融合持续注入新动能。媒体还需紧紧抓住内容创新这一根本，主动设置议题，创新表现形式，全力打造全媒体内容精品，赢得传播优势。只有在内容创新、形式创新和手段创新上持续努力，媒体才能在深度融合浪潮中脱颖而出。

三、为什么要组建融媒工作室？如何组建融媒工作室？如何激发其积极性？

随着数字技术的迅猛发展，传统媒体面临着前所未有的挑战与机遇。为贯彻落实党的二十大关于"加强全媒体传播体系建设，塑造主流舆论新格局"的战略部署，地市级融媒体中心需通过创新模式来应对快速变化的媒体环境，组建融媒工作室的策略应运而生，其重要性体现在以下几个方面。

其一，组建融媒体工作室有助于强化全媒体传播体系建设。根据中共三明市委宣传部《三明市全媒体传播体系建设"三融引导项目"工作方案（试行）》，市融媒体中心从2023年起陆续培育成立芳华融媒工作室、清语融媒工作室、明声融媒工作室、如画融媒工作室、知明融媒工作室、航拍融媒工作室。融媒工作室运作由总编室总协调，建立以项目制方式运作、以创意为驱动、以具体任务为目标的组织模式，将各平台、各部门连成"串并联电路"，打造文、图、视频协同作战的融媒工作室。各工作室分别由一名业务骨干领衔，有的工作室独立创作，有的工作室跨部门组建，人员精干。这一举措不仅增强了媒体的传播能力，还通过整合不同媒体平台的资源提升了整体传播效果。

其二，组建融媒体工作室有助于提升人才培养与组织效能。融媒工作室作为培养全媒体人才的重要基地，通过扁平化的组织架构和较大的自主权，激发了工作人员的创新意识与积极性。三明市融媒体中心所成立的各个融媒体工作室都由一名业务骨干领衔，人员精干且专业背景多样，能够充分发挥各自的特长。多样化的团队组合不仅提升了创作的灵活性，还使不同背景的人员能够在工作室内分享各自的经验与见解，从而提高整体的工作效率与成果质量。

其三，组建融媒体工作室有助于激发内容生产创新。融媒工作室以创意为驱动、以具体任务为目标的组织模式，使得每个团队成员都能在实践中积极探索新颖的表达方式和传播手段。通过不断推出具有创新性和吸引力的融媒作品，融媒工作室能够有效增强公众的关注度和参与度。自三明市融媒体中心的工作室成立以来，共推出融媒作品近200个，总点击量约660000。这一成就不仅反映了团队的努力，也彰显了融媒工作室在提升信息传播效果方面的潜力。

与此同时，组建融媒工作室是一个系统性工程，需要综合考虑多个因素，以确保工作室的有效运作和持续发展。

其一，明确融媒体工作室的组织结构与职责。在组建融媒工作室时，首先需要明确组织结构和各成员的职责。三明市融媒体中心所成立的融媒体工作室通过建立以项目制为基础的运作模式，实现具体任务实践的短时高效。同时，总编室在此过程中起到协调作用，确保各项工作顺利进行。每个工作室根据自身特点与任务需求，设置适合的成员构成，形成精干的团队，专注于特定领域的创作与传播。

其二，打破传统的层级藩篱。组建融媒工作室的关键在于打破传统组织架构的层层藩篱，实施扁平化管理。三明市融媒体中心通过赋予工作室较大的选人用人权、自主运营权、资金支配权、资源使用权，激励团队成员积极参与日常的决策与创作。传统媒体往往由于层级分明，导致信息流通缓慢，而融媒工作室通过扁平化结构实现了更加高效的信息传递和反馈机制。

其三，引入多元化的工作室建设方式。融媒工作室的组建也需要在建设方式上进行创新，形成更加多元化的创作模式。灵活的建设方式不仅能促使团队成员相互合作，还能够在建设过程中激发灵感，促进工作室作品的多样性与丰富性。比如，打造品牌IP已经成为新时代融媒体工作室建设的重要形式，湖北广播电视台"重塑新型生产关系 助建融媒新质生产力——@主持人阿喆融媒体工作室改革与创新

第三章 流程再造

实践",就是湖北台以融媒调度机制为抓手,持续打造的品牌IP,将广电主播的专业优势转化为网络正能量和大流量。湖北台总编室组织首批20位播音员主持人与广电数字传媒公司签订协议,启动了"合声计划",并与相关商业平台共同推进账号认证及入驻事宜。

融媒工作室的积极性直接影响其创作质量与工作效率,因此在激发团队成员的积极性方面需要采取有效的策略。

其一,设定明确的激励机制。针对挂牌成立的融媒工作室,三明市融媒体中心根据年度考评情况以奖代补给予一定项目扶持资金。在评先评优、绩效考核、职称评聘、新闻奖推荐中,根据实绩给予工作室领衔人和成员不同程度的倾斜。此外,工作室产生的收益优先用于再生产投入和人员奖励,形成良性循环。明确的激励机制能够有效提高团队成员的工作动力,提升工作室的团队效益。

其二,创造良好的工作氛围。在办公空间的设计上,三明市融媒体中心的融媒工作室采取抽签选座的方式,实现"我中有你、你中有我"的办公格局。空间融合的创新性改革不仅增强了团队成员之间的交流与协作,还能够降低传统分隔带来的沟通障碍。同时,通过组织团队建设活动,增强团队的凝聚力与向心力,使每个成员都能感受到团队的重要性,进一步激发工作室成员的内容创作热情。

其三,强调团队成员的参与感与归属感。三明市融媒体中心通过制订《"融媒特种兵"参与中心融媒工作室实战训练方案》,要求每位"融媒特种兵"每年度至少参与一期融媒工作室产品制作,"融媒特种兵"参与次数和作品质量将作为"融媒特种兵"晋级考评依据。内容创作过程的充分参与能够增强工作室团队成员的认同感与归属感,并通过专项绩效奖励等方式,能进一步激励团队成员在创作中追求卓越，从而提升整体作品的质量。

作为融媒体中心建设的重要举措，组建融媒体工作室不仅能有助于强化全媒体传播体系建设、提升人才培养与组织效能，还能激发创意与创新活力。在组建过程中，需要明确组织结构与职责，打破传统的层级藩篱，引入多元化的建设方式。同时，通过设定明确的激励机制、创造良好的工作氛围及强调团队成员的参与感与归属感，能够有效激发融媒工作室工作人员的积极性。通过这些措施的实施，融媒工作室将为提升媒体的传播能力和影响力发挥重要作用，为构建主流舆论新格局贡献力量。

四、如何吸纳优质 UGC 内容？如何使 UGC 和 PGC 内容有效融合？

UGC 是 User Generated Content 的缩写，通常译为用户生成内容。它指的是由普通用户、消费者或网站访问者在互联网上自发产生的各种内容，包括但不限于文字、图片、视频、评论、评价等。UGC 与由专业机构或个人制作的内容不同，它是由普通用户基于个人经验、兴趣爱好或对特定主题的分享进行创作的内容。具体而言，UGC 在生产者层面具有自发性、真实性、多样性的特征。网络用户往往根据自身兴趣、经历和见解创作内容，有极大的灵活度和个性化思维，而这种源自用户本身的情感和经历分享往往有很强的真实性，能够更广泛地引发读者的信任和情感共鸣。同时，UGC 来源广泛，往往呈现出多种风格、视角和主题，更容易满足多元化的用户需求。从内容层面而言，UGC 又具有碎片化、海量性和非专业性的特质。用户生产内容往往短小即时，符合移动传播时代的碎片化趋势，使 UGC 能够具有更强的传播覆盖率。同时，庞大的网络用户数量使得用户内容生产的数量有海量性特征，但内容质量的良莠不齐也导致信息冗余的问题凸显。

与之对应的另外一种生产模式则是 PGC 模式（Professional Generated Content，专业生产内容）。UGC 的体量大，但质量相对差，PGC 专业度高，但制作周期长，更新频率低。基于二者在内容生产上各自呈现的优势，又出现了 PUGC（Professional-User Generated Content，专业用户生产内容）生产模式。PUGC 内容，既具备 UGC 的广度，又具备 PGC 的深度。近年来，"长江云""人象新闻"等主流媒体内容平台都推出了对应功能，促进了 UGC 与 PGC 的有机结合，有效配置了媒体内容资源。因此，如何使用户为融媒体中心提供丰富且高质量的内容素材，如何使 PGC 与 UGC 有效融合，使 PUGC 内容为媒体传播声量的提升持续助力，成为媒体融合时代融媒体中心需着重考虑的问题。

首先，如何吸纳优质 UGC 内容？

其一，建立健全的内容审核机制。利用新技术赋能融媒体中心的内容把关，如将智能算法与人工审核相结合，有效过滤低质、违规内容，确保用户生产内容的质量。内容平台可采用关键词过滤、图像识别等技术手段，对用户自主生产的内容进行初步筛查，并辅以专业审核团队进行人工复核。此外，也可建立用户举报与反馈机制，积极聚集平台用户力量，使内容监督成为公共责任，不仅增强了内容的规范性，也提高了用户的参与感与信任感。

其二，建立健全的用户激励机制。一方面，要以激励手段调动用户积极性，刺激用户持续为新闻平台提供高质量内容。比如，设立积分、现金等奖励制度，为用户提供曝光机会与象征资本，针对有潜力的用户推出扶持计划，给予培训机会和内容推广资源。另一方面，融媒体平台也应为用户提供技术支撑，如简化内容上传流程、设计剪辑编辑工具，助力非专业创作者制作出更高质量的内容。

其三，建立健全多样化的内容社区。比如，创建基于不同兴趣和专业背景的交流社群，吸引不同领域用户参与互动，形成群体合力。在此基础上，可以定期举办创作大赛，辅以良好的数据反馈机制，促进创作者在竞争中不断提升内容质量。以澎湃新闻所创建的"澎友圈"社区为例，其于2019年7月在原有的"澎湃问吧"基础上改良创新，用户可以在"澎友圈"中发布短资讯、视频、图片等内容，以"输入—反馈—输出"的基本模式进行互动，"澎友圈"不再如"澎湃问吧"一样以"专家+话题"为单位设定过于明确的议程导向，而是允许用户对日常生活以碎片化的方式记录描述、分享感悟。[①] 这不仅加强了平台内容创作的数量和质量，同时也开拓了"澎友圈"社区的社交属性，链接了"新闻+社交"的探索，为内容创造不断释放活力。

那么，如何使 UGC 和 PGC 内容有效融合？

其一，构建 UGC 与 PGC 的互补体系，形成 PUGC 的长效互动机制。基于 UGC 和 PGC 在创作者、内容风格、专业水平上的差异关系，二者在特定内容领域可以实现优势互补。一方面，UGC 可以为 PGC 内容创作提供基础素材和创意来源，尤其在突发事件与热点追踪等方面，用户创作能够以即时性和真实性特征确保新闻的时效性，专

---

① 刘雨濛. PUGC、UGC 在国内主流新闻媒体的运用：以澎湃问吧、澎友圈为例[J]. 传媒评论，2023（12）：15-17.

业新闻从业者则可以在此基础上对其进行二次加工与整体提升。另一方面，PGC 内容可链接 UGC 内容，二者的组合出击不仅能够加深内容深度，还能丰富用户的阅读体验。比如，《齐鲁晚报》客户端"齐鲁壹点"开设了专门征集用户生成内容的情报站版块，以 UGC 为内容源，专业记者为把关人，通过线上与线下联动的运营模式，将专业新闻生产和 UGC 相结合，取得了良好的社会效果。

其二，构建专业的内容合作平台，实现 UGC 与 PGC 的多维融合。融媒体中心应注重用户创作内容在提升媒体黏度上的作用，如可以采用邀请当地网络红人入驻客户端，设置兴趣论坛，由网友提供内容，打造定位为"新闻＋社交＋评论"属性的栏目等方式，将二者有机结合。同时，从发布渠道而言，一方面，PGC 应主动涉猎用户互动性更强的 UGC 平台或社交平台，激发 UGC 创作者围绕 PGC 内容进行二次创作。另一方面，PGC 也应为 UGC 创作提供专业平台，使 UGC 创作者获得更多流量，增加议题的关注度与内容的互动性。比如，四川富顺县融媒体中心将"富顺眼"APP 进行了全面优化，将之打造为一个集信息发布、民生服务、网络互动于一体的综合性可移动平台，并将传统媒体中的知名栏目搬至平台上，倡导读者以公民身份发言，鼓励独立思考与判断。

其三，强化平台内容审核，设立标准化机制。为了保证 UGC 与 PGC 的有效融合，融媒体中心应建立统一的内容审核机制和标准化流程，确保内容质量的一致性。比如，借力人工智能技术和算法手段，动态调整内容评价指标，使内容符合用户的需求和期待。中心也应制定 UGC 创作指导手册，明确 UGC 创作的要求和标准。通过培训、引导和提供创作资源，提高 UGC 创作者的内容制作水平。

第四章　平台打造

"平台化"作为推动媒体深度融合的必经之路，在日益革新的传播格局与数字技术基础上逐渐形成了新的内容生产机制和平台运营方向。近年来，主流媒体形成了多样化的平台生态，如 To C 型与 To B 型，部分平台取得显著成效，有力提升了主流媒体的内容传播力、舆论引导力和媒体公信力。[①]截至 2023 年上半年，全国广电机构所属新闻客户端已超 2000 个[②]，CTR 监测数据显示，省级以上广电机构有 130 多个自有 APP 活跃于市场，68 款累计下载量过百万。主流媒体应在现有社会平台化背景的基础上，不断优化内容供给、广泛聚合资源、创新用户互动、搭建关系网络，以整合、服务与治理等形式搭建数字时代全媒体传播体系的框架结构，创新基于媒介视角下的数字创新生态系统，以数字平台建设助力传媒现代化。[③]

---

① 郭全中，张金熠.一体化、智能化、服务化：主流媒体平台建设的回顾与展望[J].青年记者，2024（1）：5-9.
② 曹淑敏.担当使命　守正创新　为网络强国建设贡献广电力量[J].中国网信，2023（9）：18-21.
③ 黄楚新，许可.主流媒体数字平台建设：价值逻辑、结构要素与行动路径[J].电视研究，2023（6）：14-19.

一、深度融合中地市级媒体最需要增强的能力是什么？如何增强这些能力？

在媒体深度融合的背景下，地市级媒体最需要增强的几项核心能力包括传播力、创新力和人才培养能力等。这些能力不仅是媒体融合发展的基础，也是推动媒体更高效运作、提升社会影响力的关键。

首先，深度融合中地市级媒体需增强自身传播力。第一，始终坚持"移动优先"策略。全媒体时代，地市级媒体必须跟上用户的媒介使用习惯，尤其是在移动端。新闻部门应要求采编人员一专多能，如文字记者能够掌握拍照、视频剪辑等多媒体技术，摄影记者能够熟练运用短视频平台，而摄像记者则能够推出更多高质量的短视频精品。通过提升团队成员的多媒体技能，推动新媒体平台的优质内容生产与分发。第二，持续打造多元化的融媒产品。随着信息传播形式的多样化，传统的单一文字、图片或视频内容已经不足以吸引受众的注意力。因此，地市级媒体需要加强融媒产品的生产，以满足不同传播平台的需求。融媒产品不仅应注重内容创作的过程，还应关注内容呈现的方式，利用多媒体手段将文字、图片、视频等多种内容相融合，推出能够唤起受众共鸣的全媒体作品。具体而言，一方面，作品内容要亲民化。多用通俗易懂的语言和形式，让老百姓能够自觉点击，轻松理解，乐于接受。比如，在三明市融媒体中心所创作的《国宝看三明》专栏中，深入挖掘本地的历史文化和风土人情，通过精美的画面和动人的故事展现三明的独特魅力，广受好评。广西壮族自治区党委宣传部出品、广西广播电视台打造的新民歌实景创演节目《新民歌大会》，以融媒体短视频加音乐综艺真人秀电视节目的媒介融合形式，针对不同歌曲的创作母题和改编主旨，相应选择了具有广西本土特色的生活场景和自然场景，如仓库、村寨、集市、车站、草地、营地、校园、海滩、海岛、悬崖等，将其艺术化地进行改造并搭建为歌曲演绎的秀场，贴近群众生活，探索出了文化传播的新路径。另一方面，选题要贴近生活。关注老百姓关心的民生热点话题，引起其兴趣和共鸣。比如，三明市融媒体中心制作的短视频《主播和您聊防疫｜请尽快完成疫苗接种，让基层干部、医护人员早点回家》一经播出就引发大家共鸣，一天时间就获得2200多万人次的浏览量。同时，也要关注多渠道精准分发，了解不同平台的用户特点和需求，有针对性地优化和推送音视频内容。比如，短视频平台适合简短、有趣的片段，而长视频平台则可以承载更深入、完整的报道。通过精准分发，让内容能够最大限度地触达目标受众，提高传播的准确性和有效性。增强交互体验也是重中之重。融媒体中心应利用社交媒体、评论区等渠道，及时收集用户的反馈和意见，根据用户的需求调整和优化内容，进而增强用户的参与感和黏性，让用户从被动接受转变为主动传播。

其次，强化创新驱动的传播机制。为了提高传播效果，地市级媒体应强化创新驱动，整合传统新闻生产流程，并建立激励机制以激发采编人员的内生动力。通过打破传统的部门分工，将报纸、电视、广播等不同媒介资源整合，实现全媒体新闻部和编辑部的无缝合作。同时，应制定科学的绩效考核机制，通过量化新媒体任务，提升媒体在全平台的传播效能。

再次，深度融合中地市级媒体需增强自身创新力。第一，地市级媒体可借力央省级媒体，尤其需关注国际传播能力。全球化背景

第四章　平台打造

下，地市级媒体不仅需要在国内扩大影响力，还应通过与中央媒体及国际传播平台合作，开拓海外市场。三明市融媒体中心通过与福建省广播影视集团的合作，共同策划、制作外宣作品，推动三明的高质量发展、生态文明和文化传承等故事在海外平台上的传播。同时，依托YouTube、TikTok等国际传播平台，建立海外账号矩阵，以多种传播形式讲述三明故事。比如，打造"Hola Sanming"海外账号矩阵，策划组织国际传播活动，以多元传播为渠道、以故事讲述为内容、以文化认同为纽带，让世界更好地读懂三明、读懂福建、读懂中国。第二，在增强创新力的过程中，媒体还应注重不同传播平台的差异化操作策略。例如，在国家化传播平台上，可以以中华文化为核心，聚焦地方化特色，通过更细分的传播渠道吸引全球用户。同时，在平台内容发布上，需结合各平台的用户特征，实施精确推送，以最大限度地提高传播效果和用户黏性。在全省率先成立的福建国际传播三明分中心，紧扣"重塑外宣业务、重整外宣流程、重构外宣格局"的目标开展各项工作，抢抓与福建省广播影视集团合作共建机遇，围绕三明在高质量发展、生态文明实践、文化传承保护等方面题材，共同策划、精心制作外宣作品，推动优质内容在海外精准传播、落地，让精彩的三明故事成为讲好福建故事、中国故事的有机组成部分。依托福建省广播影视集团国际传播中心力量，福建国际传播三明分中心目前已在X平台上打造"Hola Sanming"综合性传播品牌，以图文、视频等多媒体形式，传播三明的相关资讯，拥有YouTube、Facebook、TikTok、Instagram四个视频平台，分别围绕沙县美食、客家祖地、客家技艺和三明明溪观鸟产业为宣传点进行海外传播。运营期间，中华人民共和国驻大阪总领事薛剑转发、点赞8条"Hola Sanming"在

X平台上的帖文。类似地，上海市也成立了上海文广国际传播中心（SMG International），聚合上海广播电视台旗下融媒体中心、第一财经、纪录片中心、东方卫视、五星体育、五岸传播、演艺集团、东方明珠、小荧星等优质资源，升级打造旗舰产品"ShanghaiEye"。其中，"ShanghaiEye" 24小时直播流在YouTube平台全天滚动播出，聚焦上海热点，解读"魔都MEGA CITY"里的中国故事；"ShanghaiEye" +视频共享平台（ShanghaiEye PLUS）辐射全球110个国家和地区，超过2000家电视台和新媒体平台，以及境内120家成员台，打造面向全球主流媒体的视频分发渠道；ShanghaiEye会客厅（ShanghaiEye MEET）则面向在沪生活的外国人群体和海外群体，策划、开展各种系列品牌活动及海外落地活动。

最后，深度融合中地市级媒体需增强人才培养和团队建设能力。一是对全媒体人才队伍的培养。地市级媒体深度融合的关键在于建立一支具备全媒体技能的复合型人才队伍。通过内部培训和外部合作持续提升采编人员的能力，鼓励从业者学习视频制作、短视频创作等新兴技能，使之能够胜任多媒体内容的生产和分发。同时，专职人员的培养也至关重要，媒体应通过实战训练，培养一批能够熟练掌握全媒体操作流程的骨干力量。三明市融媒体中心持续推进与复旦大学、中国人民大学、厦门大学、中国社会科学院大学、中国传媒大学、福建师范大学、三明学院等院校合作，借船出海、借力登高，借智借力培养了一批高素质本土国际传播人才，打造了一支素质过硬的"新闻特种兵"队伍。河南广播电视台启动媒体人大V孵化打造计划，旨在通过媒体人大V孵化培育，扶持一批具有"专精特新"特质的新媒体产品IP，形成河南广电在移动互联网平台具备商业价值和发展空间的全新账号矩阵，壮大和提升主流舆论在移动互联网传播领域的声量和影响力。确定入选大 V 打造计划的人员将作为全台业务能力突出的记者、编辑、主持人，将新闻报道、文化产品和个人视角有机结合，持续输出突出个性化、故事性、体验式的优质内容产品，深入探索互联网时代碎片化传播规律，依靠创意和制作，不断创新讲述方式、叙述结构和呈现方式，打造更加凸显个人风格、人设的个人账号，以更具亲和力、更强贴近性的姿态，吸引粉丝、形成流量、扩大影响、带来效益。二是创新激励机制的实施。为激发团队成员的积极性，地市级媒体应在薪酬和荣誉奖励上实行差异化政策。例如，对于成绩突出的部门或个人，给予一定名誉和资金支持；而对于业绩差、无作品产出的部门或个人，则实行相应的惩罚机制。三是打破部门藩篱，建立协同作战机制。全媒体新闻部和全媒体编辑部的成立，意味着传统的广播、电视、纸媒和新媒体之间不再是各自为营的状态。通过将纸媒记者、广播记者、电视记者等各类人员整合到同一个工作团队，实现资源共享和人力资源的高效利用，进而提升新闻生产的协同能力。

二、如何建立地市级融媒体中心的全媒体传播体系？

媒介化时代的来临使全媒体传播体系建设成为传播我国主流意识形态、提升主流媒体传播声量的重要任务。目前，我国已经基本建成四级融媒体中心结构，以中央、省、地市、区县为纵向线条，串联起我国整体传播矩阵。其中，地市级融媒体中心作为上达央省、下达区县的桥梁，仍旧面临着如何在全媒体时代下提高传播力、引导力、影响力和公信力的问题。为构建完善的全媒体传播体系，地市级融媒体中心不仅需要优化现有资源，还需要创新内容生产、强化用户体验，提升舆论引导和公共服务能力，因此既要宏观布局，也需细节把控。

首先，构建多层次、多渠道的传播矩阵是地市级融媒体中心构建全媒体传播体系的先决条件。一方面，要对现有媒体资源整合融合提质增效，加强优化重组。媒体融合的关键在于如何在资源上做"加法"和"减法"，通过对原有媒体资源的优化重组，去除低效和冗余的内容生产部分。三明融媒体中心全力打造全媒体传播矩阵。着眼于做优做强移动传播平台，将原来的三家单位各类新媒体平台进行资源的优化重组，在优质资源上做"加法"，在落后产能上做"减法"，关停并转了一批栏目、频道。三明市融媒体中心认为，现在的媒体不缺平台，但缺内容。要及时切换主"赛道"，对于效益不好的媒体平台要及时止损，大胆关停，对于发展较好的媒体要给予支持。在改革初期，中心精简优化了《三明日报》版面和原三明广播电视台栏目设置，停办《都市全接触》《新闻多看点》等电视栏目，将采编力量向新媒体倾斜。在法定节假日，报纸停刊节省成本。中心原有两个电视频道、两个广播频率，自 2024 年 5 月 1 日起停播并撤销了原三明广播电视台公共频道和都市生活广播频率。与此同时，中心构建了报纸、广播、电视等 3 个传统媒体，三明网、"e 三明"客户端、"智慧三明"客户端、"聚焦三明"微信公众号、《三明日报》微信公众号、"三明发布"微信公众号等 6 个主要新媒体平台，微信视频号、头条号、抖音号、快手号等 N 个媒体号构成的"3+6+N"全媒体传播账号矩阵，构建了多渠道、多层次、全方位、立体化的宣传网络，实现

第四章　平台打造

了新闻信息最大限度的广泛传播。通过整合与优化，可以避免资源浪费，增强传播的深度和广度，实现新闻信息的最大化传播。巴东县融媒体中心自挂牌以来，以改革破藩篱，以创新促融合，实行"双轨并行"，组建起指挥中心、采访中心等五大中心，有效促进了扁平管理、横向交流，实现"新闻＋政务＋服务"融合发展，走出了一条经济欠发达地区媒体融合的新路径。另一方面，融媒体中心要关注多媒体平台的协同作用。传播矩阵的构建不仅体现在账号数量的增加上，更需要考虑各媒体平台之间的协同合作。例如，微信视频号、头条号、抖音号等短视频平台可以在用户日常生活中形成较大的影响力，而报纸、广播、电视等传统媒体则能够提供更有深度的报道和分析。因此，地市级融媒体中心就需要通过精准的内容分发策略，利用不同平台的优势，打造一个立体化的宣传网络。同时，通过多媒体平台的协同作用，融媒体中心可以构建一个立体化的宣传网络，以最大限度地扩大新闻覆盖面，实现信息的广泛传播，不仅能够覆盖传统的报纸、广播电视受众，还能通过新媒体平台吸引更多年轻的互联网用户，实现全媒体传播效果。

其次，优化内容生产与提升传播质量是地市级融媒体中心构建全媒体传播体系的必由之路。一方面，地市级融媒体中心应确保其内容生产具有多样性，以新闻链接多项功能，形成以融媒体中心为核心的放射性发展态势。例如，通过三明市融媒体中心推出的"e三明"客户端中既有生活服务类栏目，如天气预报、交通信息等，能够满足用户日常生活的即时需求，又有深度报道、专题策划等栏目，能够吸引那些对新闻事件背后深层次原因感兴趣的用户。另一方面，融媒体中心也应建立严格的内容审核机制，确保信息的权威性和可靠性。新媒体时代引发的内容冗余与虚假信息泛滥,使主流媒体更需要关注内容的质量。融媒体中心需着眼于独家新闻的挖掘和原创内容的生产,通过高质量的内容赢得用户信任与市场竞争优势。

再次,提升用户体验、发展"新闻+"功能是地市级融媒体中心构建全媒体传播体系的关键一步。全媒体传播体系的建设,离不开对用户的关注,从"受众"到"用户"的身份转变,使用户体验成为影响传播效果的关键因素,良好的用户体验不仅能够增强用户的使用黏性,还能促进信息的主动传播。一方面,地市级融媒体中心应注重新媒体自有平台的用户界面设计,使其简洁、美观、易用。用户在使用平台时,能否快速找到所需信息、方便进行互动将直接影响用户的体验和留存率。因此,在界面设计时要注重优化内容的分类和导航,确保用户能够迅速找到自己感兴趣的内容。另一方面,应积极扩展"新闻+"功能,使其与政务、服务、商务等多种业务达成合作共赢,并通过社交媒体评论区、用户反馈功能等渠道,及时收集用户的意见和建议。三明市融媒体中心通过"e三明"客户端设置了"随手拍""e督查"等板块,极大地便利了市民与政府部门之间的互动。市民通过"随手拍"功能可以即时拍照、定位并上传问题,使得政民互动如同发朋友圈般简单便捷。这不仅提升了用户参与感,还为政府和市民之间的沟通建立了畅通的渠道,同时也促使用户从被动接收信息的角色转变为主动传播内容的角色,进一步扩大了融媒体中心的传播影响力。

最后,发挥舆论引导与社会治理功能是地市级融媒体中心构建全媒体传播体系的未来进路。全媒体传播体系不仅仅是信息的传播网络,还应发挥舆论引导和社会治理的功能。地市级融媒体中心作为政府部门与基层群众之间的纽带，不仅要及时发布政府的重大方针政策，还要主动挖掘和设置与社会治理相关的议题，帮助政府部门更好地解决群众急难愁盼的问题，并在政府与群众之间建立起良性互动。三明市融媒体中心的"e三明"客户端注册用户数达192万，约占全市常住人口比例的77%，其中设置的"随手拍""e督查"等板块和栏目，其收集群众诉求，聚民智、集民力、汇民意，做好了上情下达、下情上达的工作，引导舆论，凝聚共识。"随手拍"自上线以来，求助、咨询、意见建议类压缩至2个日历日办理，投诉类诉求件压缩至5个日历日办理，对于影响居民正常生活的噪声扰民、环境污染、供水供电等紧急事项，马上转办并电话告知承办单位办理，实现即时现场处理。而"e督查"则开启了"互联网+督查"新模式，挂网"晾晒"市委、市政府中心工作，动态更新重点工作、重大项目、重要事项等推进落实情况，推动全民参与监督，以此传导责任压力、促进工作落实。"e三明"客户端还在全省首创了虚拟号码回访功能，消除市民对隐私泄露的顾虑，并通过配套完善的考核机制，让市民的诉求能够在更短时限内得到办结。2020年新冠疫情期间，"e三明"客户端上线了《疫情防控》专栏，三明市融媒体中心与疫情防控指挥部保持密切联系，对接疫情防控需求，在第一时间发布权威疫情防控信息，开展病毒防治科普宣传；同时上线了口罩预约购买、入明人员信息登记、核酸采样登记、新冠疫苗接种"随手查"、疫苗接种机构查询、疫情线索反馈等一系列常态化疫情防控公共服务。自"全员核酸采样登记"服务上线以来，仅这一项服务累计访问200万次，极大地提高了核酸检测工作效率。2020年9月，"e三明"客户端助力疫情防控，被国家发改委评为"2020数字化抗疫优秀案例"。2021年10

月,"e三明"客户端入选了中国信息化大会政府信息化创新成果与实践案例。2022年,"e三明"客户端荣获"三明市改革创新特别贡献"奖。通过全媒体传播体系的建设,融媒体中心能够不断发挥舆论引导作用,围绕党委政府重大方针、中心工作和重大动态,直面群众急难愁盼问题,主动挖掘设置治理议题,参与社会治理,联系政府部门主动对接、解疑释惑、解决问题,在不断对话沟通中逐步形成共识,共同协商治理决策。

三、融媒客户端如何推进"新闻+政务+服务"?

全媒体传播体系建设需求与数字信息技术的快速发展,使媒体功能从单纯的信息传递扩展到多元化的内容链接,融媒体中心通过与不同行业的融合,形成了具有数字时代特征的"新闻+"发展模式。"新闻+政务+服务"模式,将新闻资讯、政务功能和城市生活服务有机结合,以融媒体中心为核心,进一步提升了融媒体客户端的用户黏性和社会价值。对于融媒体客户端如何推进"新闻+政务+服务"这一问题,我们将其拆分成两个方面。

一方面,融媒体客户端如何将新闻业务与政务功能相结合?

首先,融媒体客户端应积极推进政务信息平台建设,强化信息透明度和用户参与度。融媒体中心通过与政府部门达成合作,在客户端形成相关专题、入口,整合并发布政务信息,构建政务新闻传播矩阵,打破以往政务信息的传播壁垒,使民众能够更加便捷、全面地获取党委政府的政策、决策及动态,并在此基础上实现用户的参与程度。以三明市融媒体中心所推出的"e三明"客户端为例,其通过第一时间推送党委政府的重要决策和社会热点新闻，使群众能够更快了解政府动态，进一步提升了政务透明度。同时，"e三明"客户端不仅是单向的信息发布平台，还通过新闻评论区、互动功能等方式，鼓励民众对政务事项表达意见和建议。参与式传播不仅让用户成为信息接收者，还增强了其对公共事务的参与感，推动了基层民主治理。

其次，融媒体客户端应整合政务服务功能，加速"新闻＋政务＋服务"一体化。为进一步提高政务效能，融媒体客户端将政府各类政务服务功能整合到平台内，方便用户通过客户端直接办理政务事务。例如，"e三明"客户端整合了322个政府部门（含县级）3万多项审批服务事项，涵盖医疗、教育、社保、出行等与民生密切相关的服务。通过政务服务的全流程线上办理，融媒体客户端极大地简化了民众的办事流程，节省了时间成本和交通成本。同时，"e三明"客户端的政务服务不仅覆盖广泛，还通过打造"一次办、网上办、快速办"模式，让群众和企业的政务办理体验如同"网购"一般便捷。公积金提取、社保卡业务、掌上公交卡等高频次民生服务，均可在客户端上实现一键办理，进一步降低了群众的办事门槛，提升了政府服务的便利性。

最后，融媒体客户端要大力推动政务数据共享与智能化应用，全面提升社会治理效能。在推进"新闻＋"模式的过程中，融媒体中心还应充分顺应时代进程，以大数据、人工智能等新技术赋权客户端建设，强化数据共享与智能化应用。"e三明"客户端利用大数据平台整合不同政府部门的数据资源，通过数据分析和预测，提供精确的公共管理和服务支持。例如，智能预测市民的公积金提取需求、社会保险缴费和补贴分配情况，并通过智能推送功能将相关信息发送给用户，大幅提升了政务管理的效率。此外，融媒体客户端还应助力政府部门加强对社会舆情的监控和应对能力。通过分析平台上的评论、舆论数据，能够更加及时、有效地回应民众的诉求，推动问题的解决。

另一方面，融媒体客户端如何为媒体业务与服务功能构建桥梁？

首先，融媒体客户端可整合多元化的生活服务功能，提升用户对平台的依赖，将客户端使用嵌入居民的日常生活，并进而增强用户黏性。比如，重庆市綦江区融媒体中心坚持把"新闻+服务"放在第一位，并主动参与乡村振兴服务，以"直播带货"为抓手，在全市率先创新构建起市、区、镇、村四级直播体系，打造川渝黔"云端上的致富车间"，有效推进了电子商务进农村，促进了农产品出村进城。5年时间里，綦江区融媒体中心构建了4个层级，开创了21个直播间，吸引了500余名公益主播，进行了1200余场公益直播，推动线上线下销售7000余万元，惠及群众540万余人次。[1]"新闻+服务"在乡村振兴中发挥出了重要的作用，融媒的力量已成为乡村振兴中的一支生力军。

其次，融媒体客户端需关注推动服务智能化升级，提升用户体验。通过不断优化界面设计、增强用户交互功能，尤其注重适老化等需求，使融媒体客户端的内容和业务获取更加便捷高效。"e三明"客户端的界面设计简洁美观，信息布局合理，用户可以轻松找到所需的服务功能。同时，客户端还设有个性化推荐功能，通过大数据算法精准推送用户感兴趣的新闻资讯和服务内容，增强了平台的智能化水平。此外，AI客服、智能语音交互等技术手段，也能为融媒体客户端提升自动化服务

---

[1] 綦评｜媒体也是乡村振兴的一支主力军［EB/OL］.（2024-08-21）［2024-11-03］. https://mp.weixin.qq.com/s?__biz=MzA5MDQ2Mzg2Mg==&mid=2657542000&idx=1&sn=9dd79d81ffdc7590be42d75c428b52b0&chksm=8a8fd5dedf56ec68e294394342faa9c6ad54d7f791c97968965e62c63ca41797af423bd3f219&scene=27.

水平，大大减少了人工客服的负担，提升了用户的使用体验和满意度。

最后，融媒体客户端要持续推动"新闻＋政务＋服务"模式的纵深发展，打造本地化智慧服务平台。成都市双流区融媒体中心打造"小屏端"，构筑服务群众"大通道"，构建针对群众投诉渠道分散、部门业务交叉复杂、诉求办理缺乏有效监督等问题的"全区网上群众路线综合服务平台"。平台构建了"一网尽收尽办"平台体系，推动实现民情民意"一网尽收"、民盼民忧"一网尽办"。创新打造"办事生活服务地图""社区便民信息服务系统""双流版58同城"等内容，为群众提供高效便捷的政务服务体验。玛纳斯县融媒体中心（玛纳斯县广播电视台）搭建"玛上办"平台，提升基层治理水平，推行"新闻＋政务＋服务＋商务"工作模式，开设"玛上问""玛上帮""玛上购""玛上游"等板块的32项内容，通过收集群众急难愁盼问题，精准对接责任部门单位，完善闭环督办办理机制，不断推动群众诉求问题的高效解决，以小平台服务群众大民生，把惠民生、暖民心、顺民意的工作做到群众心坎上。[①]

四、如何借助商业化互联网平台提升传播力？

新媒体时代，商业化平台因其广泛的用户基础、强大的算法推荐机制和成熟的流量变现模式，成为媒体融合过程中的关键一环。为了

[①] 全省区（市）县唯一！双流融媒获评"2024年全国广播电视媒体融合典型案例"［EB/OL］.（2024-08-16）[2024-11-03] https://mp.weixin.qq.com/s?biz=MjM5ODk5MDgxMg==&mid=2649916329&idx=1&sn=8006de1227c81c5fd75b539f4c7d2536&chksm=bfe65550de40215c0101be6eb368173c3bd6fe329847b3c7d02abfa83fbc5a6e1a3a6ebb6bb8&scene=27.

更好借助商业化互联网平台提升传播力，融媒体中心可从内容生产、平台借力、政府合作、技术赋权和用户思维五个方面进行全方位、多层次的整体升级。

首先，融媒体中心仍需始终坚持内容为王战略，打造优质内容核心竞争力。其一，内容创作要兼具多样性和深度。一方面，用户需求的多样性决定了内容供给的广泛性，因此融媒体中心在内容创作中就需要涵盖多种主题、多样表达。比如，内蒙古广播电视台开设的融媒体节目《雷蒙帮忙团》在奔腾融媒和快手平台同步直播、视频连麦网友，根据他们所反映问题即时与相关责任部门的负责人连线，线上核实问题并协调解决，网、微、端、视一体联动，大屏小屏融合发力，推动问题解决，自开播以来，平均每场直播观看人数超过50万。其二，主流媒体虽借力商业化平台，但仍要加强对内容的审核，保证真实性和权威性。地市级融媒体中心在进行PUGC内容的创作与加工时，需对新闻来源严格把关，特别是在突发事件的报道中，融媒体中心更应保证权威信息的及时发布，增强公众对主流媒体的信任度。其三，地市级媒体应突出地方特色内容，利用地缘优势打造独特的内容。比如，无锡广电以"锡企·潮立太湖湾"品牌为依托，积极探索节目融合创新运营新实践，先后推出《筑梦众创空间》《Z时代 新经济》《海归追梦人》《"一带一路"上的无锡力量》等主题系列报道。其中，《"一带一路"上的无锡力量》通过二次传播，全平台浏览量超过100万人次。富有地方特色的内容不仅能吸引本地用户的关注，更易在商业化平台中得到广泛传播。

其次，融媒体中心要借力头部商业平台，以流量赋能"四力"。在高质量内容的基础上，借力头部商业平台是融媒体中心提升自身影响力、传播力、引导力和公信力的有效途径。微信视频号、抖音、快手等平台拥有广泛的用户基础和成熟的算法推荐系统，可以通过流量的聚集与分发，帮助地市级媒体实现内容的高效传播。其一，针对特征各不相同的商业化平台，融媒体中心需先进行资源整合，根据平台特性生产适配的内容。例如，抖音和快手偏重于短视频内容，而微信公众号则更适合图文和长视频内容。通过选择合适的平台发布相应的内容，不仅能提高内容的传播效率，还能充分利用平台的算法推荐机制，实现内容的精准分发。其二，商业化平台的算法推荐机制不仅依赖用户主动搜索，还能根据用户的兴趣和行为数据，自动将匹配的内容推送给潜在用户。因此，借助这些平台，地市级媒体可以突破传统的受众圈，扩展到更多的潜在受众。例如，快手的用户群体主要集中在下沉市场，地市级媒体可以借此扩大乡村用户的覆盖范围；而抖音则可以帮助媒体渗透年轻用户群体，提升其对时政新闻和公共事务的关注度。其三，借力头部商业平台，主流媒体能够通过内容精准推送与流量聚集实现流量变现，促进融媒体中心的可持续发展。

再次，融媒体中心可与政府部门合作，拓展政务传播功能。在信息化治理背景下，借助商业化平台与政府部门的合作，地市级媒体可以更好地履行其服务公众、沟通政民的责任。其一，融媒体中心与政府部门合作运营微信公众号、抖音号等平台，可以帮助地市级媒体为公众提供更为便捷的政务信息。比如，通过与政务微信号合作，融媒体中心可链接社保、医保、交通、教育等政务信息，使市民能够更便捷地获取所需内容，同时提升媒体公信力。其二，在借助商业平台进行传播的同时，地市级媒体还可以推动公众更广泛地参与到社会治理中来，深化社会治理与公众互动。比如，通过抖音等平台，融媒体中心可与政府宣传部门合作，实时发布公共政策和民生新闻，而公众可以通过评论、转发、点赞等方式参与到讨论中，良性互动不仅能提升政策传播的效果，也有助于构建基层治理现代化。其三，地市级融媒体中心还可借力已有商业化平台，打造政民互动平台。沙县区融媒体中心研发了"近邻e家"网格化管理平台和"虬城近邻e家"微信小程序，并与"今日沙县"客户端互融互通，切实将信息宣传和服务内容下沉到精细化管理的社区和微网格。沙县区专门成立了一个正科级事业单位——沙县区智慧治理服务中心，负责运营管理该平台，使融媒体中心创新应用和基层智慧治理得到有机融合，进一步塑造了县级融媒体中心在区域治理功能体系中的重要地位。

最后，融媒体中心需继续借力技术，赋能内容传播与用户体验。通过大数据、人工智能等技术，地市级媒体可以实现内容的精准推送和个性化服务，从而进一步增强用户的体验与参与度。其一，数据分析技术能够提升推送精准度。比如，通过用户的点击率、停留率等数据，融媒体中心可有针对性地推出更多相关性强的新闻内容，在提高内容触达率的同时，也能增强用户的满意度。其二，人工智能技术的应用可助力融媒体中心提升与用户的互动体验。比如，目前多家媒体借助商业化平台的算法技术，推出智能客服系统，用户可以随时在平台上进行咨询，获取所需信息。与此同时，智能客服还能根据用户的偏好，为其推送个性化的新闻和服务信息，不仅增强了用户的互动感，也提高了媒体平台的服务效率。不过，目前许多智能客服仍存在回复僵硬、无效内容多等问题，未来融媒体中心可加大资金投入，吸引更多相关人才对现有系统进行转型与升级。其三，虚拟现实、增强现实等新兴技术为融媒体中心进一步助力，使专业媒体生产的内容能够在商业化平台的内容传播中脱颖而出。比如，湖南广播电视台推出的"'文化+科技'赋能现象级纪录片——《中国》第三季全链路融创探索"，在内容上紧扣时代主题，厚植中华文明根脉和中华文化源流，在形式上探索历史文化纪录片的新范式，创造性采用"绘画+CG"形式，实现"思想+艺术+科技"的完美融合，以媒体融合发展需求为引领，以文化和科技融合为手段，积极探索、创新发展，构建了媒体融合新生态。

五、如何借助央媒力量和国际传播平台做好国际传播？

习近平总书记强调宣传思想文化工作要做好"七个着力"，其中明确要求"着力加强国际传播能力建设、促进文明交流互鉴"。党的二十届三中全会提出，"构建更有效力的国际传播体系"。数字技术加快了全球化进程的速度，国际传播已成为提升国家形象、塑造国际话语权的关键途径。近年来，从中央到地方都高度重视国际传播能力建设，中央、省市各级主流媒体纷纷成立国际传播中心，主动承担讲好中国故事、传播好中国声音的职责使命，为我国对外传播能力建设贡献力量。其中，地市级融媒体中心作为基层宣传的主力军和对外传播的窗口，在国际传播中扮演着越来越重要的角色。通过借助中央媒体的权威性与资源优势，并搭载全球社交媒体平台，地市级融媒体中心不仅可以讲好本地故事，还可以将其纳入国家叙事，助力国家整体国际传播的格局优化。以下将从内容制作、人才培养、平台利用和合作机制四个方面，探讨地市级融媒体中心应如何借助央媒和国际传播平台提升地市级融媒体中心的国际传播能力，并为其他地方融媒体中心提供路径参考。

首先，央级媒体的国际影响力和传播资源是地市级融媒体中心进行国际传播的重要依托。通过与中央媒体的合作，地方融媒体中心可以学习到更多国际化内容制作和传播的经验，确保所传播的内容不仅符合国内需求，也符合国际受众的欣赏习惯。例如，在襄阳市委宣传部统筹下，襄阳市融媒体中心先后参与中央广播电视总台纪录片《襄阳四季》的拍摄制作，该片在10个国家播出，全球浏览量超过2亿人次。在与央级媒体的合作中，地市级媒体能在已有内容制作经验的基础上得到进一步提升，并借助全媒体传播体系布局，充分调用可用资源，形成优势互补，达成合作共赢。

其次，要想在国际传播中有所突破，培养高素质的国际传播人才至关重要。福建国际传播三明分中心深刻认识到这一点，通过依托福建省广播影视集团的"传帮带"机制，培养了一支具备国际视野和本土文化理解力的复合型传播队伍。国际传播不仅要求从业者具备新闻传播专业技能，还需要具备跨文化沟通能力和国际舆情研判能力。因此，三明分中心还与三明学院等地方高校合作，搭建了产学研一体化的人才培养模式，通过"借船出海"策略，向国外输出三明文化和三明故事。此外，融媒体中心还通过定期的国际传播培训与合作交流，逐步形成一支专业化、国际化的传播队伍。在优质人才队伍建设与人才引入的基础上技术更迭，持续为地市级融媒体中心赋权。比如，云南临沧市融媒体新闻社依托云计算、互联网、大数据等先进技术，以PC端、移动端为突破口，将《临沧日报》《创新》杂志读者、广播电台听众、电视观众转化为临沧融媒体新闻社的新闻音视频用户，实现网报台联动、多媒体融合、组合式传播，以较低的成本和"借船出海"的方式实现对缅开放融合传播，充分利用自身的节目优势做好对缅宣传，积极搭建中国与缅甸、环印度洋经济圈的政策、信息、教育、文化交流合作平台。

再次，借助国际主流社交平台，如 Facebook、X、YouTube 等是提升地方国际传播效果的有效途径之一。例如，湖南广电积极布局国际传播的平台建设，不仅在 YouTube、Facebook、X 等国际社交网络平台开设官方账号，还打造了国际传播的自有平台——芒果 TV 国际 APP。《湖南日报》则在媒体深度融合发展上持续发力，形成报、网、端、微的现代立体传播体系，开设新湖南双语频道、英文微信公众号、X 官方账号，拓展成为全媒体新闻平台。红网较早构建全国独一无二的省、市、县三级 136 家分站体系，共拥有新媒体用户数 6000 多万，综合影响力位居省级地方重点新闻网站前列。四川国际传播中心整合了"川观新闻"、"封面新闻"、《看四川》、"藏地阳光"、《"一带一路"报道》等优质资源，对外创新"国际传播+"机制，"借船出海"创建了包括 Center、B&R Reports、VISIONSICHUA、Sichuan Culture 等官方机构账号，以及三星堆文化、川西姑娘拉姆、熊猫每日秀、非遗大都会、"Sichuan Andrew"等特色垂类账号和个人网红账号，作为虚拟网红标杆重点打造推广，形成机构、垂类、个人三圈层账号体系，海外粉丝量达 240 余万。

最后，国际传播不应局限于内容传播，还应逐步构建中国话语和中国叙事体系。2021 年 5 月 31 日，习近平总书记在主持中共中央政治局第三十次集体学习时强调，要加快构建中国话语和中国叙事体系，用中国理论阐释中国实践，用中国实践升华中国理论，广泛宣介中国主张、中国智慧、中国方案。这就需要各级主流媒体打破西方话语关系，从在地化视角出发，以生活化内容，以小切口讲述中华故事，激发全球观众的情感共鸣。比如，海南主流媒体在自贸港对外报道中采用了小切口的报道方式，通过"日本冲浪者""三个意大利人""前荷兰外交官""菲律宾咖啡店主""捷克籍跳伞教练""00后脱口秀演员""巴基斯坦青年创客""海南茶农"等个体展示了海南独特的自然风貌、自贸港开放新貌、经济转型成效、营商环境优化、文旅融合发展等多领域成果，取得了良好的国际传播效果。海南外宣媒体制作了《这里是海南·秘境寻踪》《自贸佳FTP+》《淘梦者》《劳拉来了》《芭莲娜走读海南》《海南外传》《跟着非遗看海南》等微视频节目，丰富和拓展了中国式现代化的"海南故事"的内涵和外延，对外阐释了中国式现代化的"海南实践"。同时，国际文化交流活动、国际会议、博览会等形式也是地市级融媒体中心扩大国际影响力的又一途径。比如，四川国际传播中心举办的走读四川活动，邀请了来自英、法、美、日、澳等23个国家的35名外籍友人参与，探访成都、宜宾、广安等9座城市，行程达4000余千米，创新打造"Bashu Culture Walk&Talk（巴蜀文化边走边聊）"沙龙品牌，搭建巴蜀文化与国际文化交流交融的沟通桥梁。活动在全球范围进行了广泛的宣传和报道，覆盖海内外受众2174万人，取得了良好的国际文化交流和传播效果。

六、如何落实各平台的"三审三校"制度？

落实"三审三校"制度对于地市级融媒体中心确保媒体内容的权威性、准确性和公信力至关重要。三明市融媒体中心通过建章立制、奖惩并处，由总编室牵头建立健全了《三明市融媒体中心关于加强"三审"管理的若干规定》《三明市融媒体中心"三审"值班工作手册》《差错界定及处罚规定》等制度，持续修改和完善《三明市融媒体中心关于各媒体平台严格执行"三审三校"工作的规定》，总结并落实了一套具有三明特色的"三审三校"制度路径。具体而言，该路径从加强制度建设与规范审核流程、建立责任分工机制、培养审校队伍，以及运用技术手段辅助审校工作四个方面展开。

首先，加强制度建设与规范审核流程是地市级融媒体中心落实"三审三校"制度的基础。在制度建设方面，各级融媒体中心需要针对不同类型的发布平台制定细节化和在地化的审校标准。尤其对于新媒体平台而言，更应在审校过程中以明确具体的要求，强调其报道的时效性、事实核查的准确度和政治导向的主流性。同时，融媒体中心应优化审校流程，减少错漏情况。标准的"三审"流程包括初审、复审和终审，每一个审核阶段都应设定明确的负责人，并明晰审核的侧重点。例如，初审可以注重内容的基本准确性和事实核实，复审则重点审查稿件的整体表达和呈现方式，终审可重点加强对新闻导向的把控。针对多种媒体平台，地市级融媒体中心应当在制度层面确保不同平台的内容可以同步或交叉审核。比如，广播和电视新闻内容可以与新媒体平台共享审校资源，确保同一事件在不同媒体平台上的报道不会出现信息偏差。在制度中也应设计多平台联动机制，提高整个中心的内容生产效率，确保跨平台内容的一致性。

其次，建立责任分工机制是地市级融媒体中心落实"三审三校"制度的必由之路。责任的明确化有助于内容准确到人，提升审校的效率和效果。第一，应建立高度专业化的审校队伍，明确审校人员职责。融媒体中心应根据不同的内容类型和发布平台，配备具有相关领域专业背景的审校人员。例如，涉及经济类的新闻内容应由经济新闻记者进行初审，确保稿件符合行业话语规范，不出现概念性错误。对于复杂的专业性新闻稿件，应安排资深记者或编辑进行复审，同时邀请行业专家审阅，共同确保新闻内容的准确性。同时，应明确责任划分，将每次审查的结果形成可追溯的责任链条，以便出现问题时能够迅速定位解决。第二，为确保责任分工机制的准确高效，地市级融媒体中心可引入多层次审核机制。具体而言，不同平台的内容可以通过初步的自审、部门内的互审及主管领导的最终审定，逐层递进，逐步细化。一方面，多层次审核机制可以确保审核的全面性，减少因个体疏忽而引发的错误。另一方面，跨平台互审机制也能有效提升各部门内容生产的质量。第三，责任分工机制的有效实施有赖于奖惩机制的建立。地市级融媒体中心可引入量化考核的方式，对审核工作的成效进行跟踪评估。根据稿件的错漏率、复审意见的采纳率等指标设立奖惩机制和追责制度，进一步提升审校工作的标准化程度。

再次，高效落实"三审三校"制度离不开一支专业化、高素质的审校队伍。融媒体中心应当通过内部培养和外部引入相结合的方式，构建具有多领域审校能力的专业化团队。第一，融媒体中心需定期开展针对性强的专业培训，提升审校人员的专业素养。尤其对于法律、经济等专业性较强的内容审校人员，融媒体中心可邀请相关专家、学者进行专业讲座，帮助审校人员更好地掌握行业标准。在语言表达、新闻写作方面，中心可以聘请资深编辑对审校人员进行写作技巧和规范表达方面的培训，确保新闻语言的准确性。第二，审校人员不仅需要掌握传统纸媒、广播、电视的审校技巧，还需熟悉新媒体平台的内容规范和技术要求，以适应新媒体时代多渠道内容传播的需求。第三，融媒体中心还可以通过引入专业人才，增强审校队伍的整体实力。尤其针对新兴领域，融媒体中心可引进具有丰富实战经验的专业型人才。同时，融媒体中心还可与高校、科研机构合作，借助外部力量为审校工作提供智力支持，提升审校工作的质量和水平。

最后，新技术快速迭代，融媒体中心可以借助技术手段提高审校效率和准确性。第一，融媒体中心可引入现代化智能审核系统，通过自然语言处理和大数据技术简化审核步骤，对文字错误、敏感词汇及不当表达进行初步筛查。例如，可以借助人工智能技术设定审核标准，自动标记不符合使用规范的部分，为后续人工审核提供参考和依据。三明市融媒体中心使用了"方正智能辅助审校云服务"，系统提供大数据和AI智能分析和辅助审核，满足不同用户的类型需求，提高稿件的审核效率及质量。第二，通过算法分析技术，融媒体中心可以实现对多平台内容传播情况的实时监控。比如，通过对平台数据的分析，审校人员可以根据用户反馈、点击量、舆论导向等验证审校成果，并为后续审核细节的调整提供依据。第三，融媒体中心可建立审校数据库，将以往的审校记录、问题样本、政策法规等相关资料汇总，构建一个可供审校人员查询和参考的共享平台。通过这一平台的建立，审校人员可以快速检索相关问题的处理方法，减少重复性劳动，提升审校工作的效率和质量。

第五章　内容生产

全媒体时代，内容生产面临着前所未有的挑战与机遇。本章围绕全媒体环境下内容生产的十大关键问题，深入探讨三明市融媒体中心在重大主题报道、视频化转型及创新全媒体表达形式等方面的具体实践和经验。具体观之，一方面，本章通过分析三明市融媒体中心的联席会议制度、多平台联动策略，阐述该中心如何利用传统媒体与新媒体的有机结合，提升重大主题报道的质量与影响力。另一方面，本章探讨视频化转型的必要性及其对传统媒体的深远影响，指出短视频平台在信息传播中的重要地位，并以三明市融媒体中心的成功案例为例，展示短视频在重大新闻事件报道中的巨大传播潜力。此外，本章还对全媒体表达形式的创新进行探讨，在创新全媒体表达形式、开展融合报道、推进创优推优、加强市县融媒体中心通联互动、报纸编辑突破创新、报纸专副刊探索新模式、文学副刊发展及打造直播团队等方面，三明市融媒体中心均有出色表现。本章生动展示了该中心如何通过创新的报道形式提升内容传播效果，多维度增强用户参与度、运营可持续性。通过对三明市融媒体中心的具体实践进行系统分析，本章的十大问题能够为其他各级媒体机构提供宝贵的经验借鉴，强调技术融合与内容创新在全媒体时代的核心作用。

一、全媒体环境下如何做好典型报道和重大主题报道？

全媒体环境下，信息传播的速度与广度达到前所未有的水平，这为做好典型报道和重大主题报道提供新的机遇与挑战。面对这样的环境，如何有效地整合各种媒介资源，打造既有深度又有广度的报道体系，成为一个亟待解决的问题。在此背景下，三明市融媒体中心通过一系列创新实践，为我们提供了一份宝贵的参考案例。从联席会议制度的确立到多平台联动的实现，再到传统媒体与新媒体的有机结合，三明市融媒体中心不仅成功应对全媒体时代的挑战，还在此过程中积累了丰富的经验，为其他媒体机构提供可借鉴的模式。通过深入分析其具体做法与成效，我们可以更好地理解如何在当今复杂的信息环境中有效地开展典型报道和重大主题报道。

第一，联席会议制度的建立，显著提升了重大主题报道的质量与影响力。以三明市融媒体中心为例，该机构在实际操作过程中，通过一系列创新举措有效地提升了重大主题报道的质量与影响力。为确保报道工作的高效协调与推进，中心建立重大主题报道联席会议制度，这一机制的建立不仅有助于及时沟通与协调各部门之间的工作，更能够确保各项报道任务能够按照既定目标有条不紊地推进。联席会议定期召开，由总编室负责组织研究讨论，制订详细的报道方案，并监督执行情况，确保每一次重大主题报道都能够达到预期效果。在实际运作中，联席会议作为一个重要的决策平台，不仅能够快速响应突发事件，还能提前规划长期的宣传计划，确保报道工作与社会发展的大方向保持一致。联席部室还会根据市委、市政府的工作部署及自身的特色定位，提出具有针对性的意见和建议，在具体实施过程中密切协作，共同推动报道工作的顺利进行。通过这种机制，不同部门之间的壁垒被打破，信息得以快速流通，资源得到优化配置，从而提高整体工作效率。联席会议还经常邀请专家学者参与讨论，听取专业意见，确保报道内容的专业性和准确性。这种开放式的合作模式，不仅加强了内部沟通，还促进了外部交流，使得报道团队能够从多个角度审视报道主题，避免单一视角带来的局限性。联席会议制度还强化责任落实，明确各部门在报道过程中的具体职责，通过明确责任分工，确保每一项任务都有专人负责，从而提高报道工作的执行力。这种制度化的设计，不仅减少了工作中的不确定性，还增强了团队成员的责任感，促使他们在各自的岗位上发挥出最大的潜能。联席会议还会对已完成的报道项目进行评估总结，提炼经验和教训，为后续报道提供指导，通过持续改进，不断提升报道的专业水平和服务质量。

第二，多平台联动与差异化处理是实现"一鱼多吃"效果的关键。典型报道和重大主题报道不仅要求多平台联动，还需要根据各个平台的特点进行差异化处理，以实现"一鱼多吃"的效果。在这方面，三明市融媒体中心积累了丰富的实践经验。在建党100周年的宣传活动中，该中心策划并生产超过300个不同类型的融媒体产品，包括长图文、短视频、直播、海报、MV、H5网页等，这些作品不仅形式多样，而且内容丰富，极大地吸引了用户的关注。更重要的是，大量浏览量过百万的爆款内容的出现，证明了这种策略的有效性。基于适应

第五章　内容生产

不同平台传播特性的需求，三明市融媒体中心根据不同媒介的特点，定制适合该平台用户的报道内容。例如，短视频因其简短精练而受到移动互联网用户的青睐，因此中心制作大量易于分享和传播的短视频，这些视频不仅视觉冲击力强，而且信息传达精准，能够迅速抓住观众的眼球。相比之下，长图文则更适合深度阅读，中心发布的长图文作品往往包含更加详尽的数据和背景介绍，满足那些希望深入了解某一话题的读者需求。此外，H5网页因其互动性强，成为吸引年轻用户参与的有效工具。与此同时，为进一步扩大宣传覆盖面，中心还在"e三明"客户端、三明网等多个平台上推出多个专题专栏，通过这些渠道将信息传递给更多的人，从而形成全方位、多层次的宣传声势。在"e三明"客户端上，用户可以随时随地获取最新的报道内容，而三明网则提供更加丰富的多媒体资料，方便不同习惯的用户选择适合自己的阅读方式。这种多平台、多形式的报道策略，不仅提升了信息传播的效率，还增强了报道的互动性和参与度，使得重大主题报道能够更好地融入人们的日常生活，成为人们关注和讨论的热点话题。

第三，传统纸媒在重大主题报道中依然占据重要地位。比如，在对建党100周年的重大主题宣传中，《三明日报》作为传统纸媒也发挥了重要作用。2021年7月1日，《三明日报》特别推出28版的庆祝建党100周年特刊，该特刊共分为"足迹""先锋""礼赞""奋进""巡礼"五个部分，围绕着中国共产党的百年奋斗历程，选取三明地区最具代表性的重大事件、典型成就及重要人物，生动展现了共产党人在各个历史阶段的不懈努力与辉煌成就。这份特刊不仅是对过去一百年辉煌历史的回顾，而且是对未来征程的美好展望，它用文字记录下那些值得铭记的历史瞬间，让读者能够更加深刻地感受到这段波澜壮阔的历史进程。在这份特刊中，《三明日报》充分利用纸质媒体的优势，通过精心编排的版面设计和深入浅出的文章内容，为读者呈现一场视觉与思想的盛宴。特刊中的每一个部分都经过细致策划，旨在通过不同的视角展示中国共产党在不同时期的历史贡献。例如，"足迹"部分详细记录共产党人在中国革命和建设时期的重要活动地点及其背后的故事，使读者仿佛穿越时空，亲身感受那段峥嵘岁月。"先锋"部分则聚焦于三明地区的优秀共产党员，通过他们的事迹激励当代人继承和发扬党的优良传统。"礼赞"部分收录一系列颂扬中国共产党丰功伟绩的诗歌与散文，这些作品用优美的语言表达对党和国家的热爱之情，同时也唤起人们对历史的缅怀和对未来的憧憬。"奋进"部分则着重介绍近年来三明地区在经济社会发展方面取得的重大成就，展示新时代中国特色社会主义建设的新面貌。"巡礼"部分是对三明地区各行各业取得成果的一次全面检阅，通过回顾过往展望未来，激发广大干部群众继续奋斗的信心和决心。通过这份特刊，《三明日报》不仅重温了党的光辉历程，还为读者提供了一个了解家乡变化和发展成就的窗口。特刊中丰富的图文资料和深刻的思考，使得它不仅是一份纪念品，而且是连接过去与未来的桥梁，激励着新一代人继续前行，为实现中华民族伟大复兴的中国梦而不懈努力。

第四，新媒体平台在重大主题报道中展现出巨大的传播潜力。与此同时，新媒体平台也在此次宣传活动中扮演着至关重要的角色。为了让更多年轻人参与到学习党史的过程中来，三明市融媒体中心利用网络直播这一新兴形式，推出30期《风展红旗 如画三明》党史故事云宣讲节目，累计观看量达到惊人的3000余万人次。此外，中心还制作、发布《近听老人言》百年百人系列微宣讲视频共60集，这些

第五章 内容生产

短小精悍的视频内容涵盖从老党员到普通市民的故事，通过他们口述的方式讲述亲身经历，使观众能够更加直观地感受到历史的温度。这些视频作品在网络上广泛传播，展示出新媒体平台在传播重大主题报道方面的巨大潜力。为了吸引年轻一代的关注，三明市融媒体中心充分利用新媒体的互动性和即时性，通过直播等形式让观众能够实时参与到节目中来。直播节目不仅提供了丰富的内容，还增加了互动环节，如在线问答、评论互动等，使观众不再是被动的接收者，而是成为活动的一部分。这种参与感极大地提高了观众的兴趣，也使得宣传活动更具吸引力。尤其是对于年轻用户而言，直播形式更加符合他们的媒体消费习惯，更容易引起共鸣。《近听老人言》系列微宣讲视频则是另一种有效的传播方式。这些视频通过老一辈讲述亲身经历的方式，将抽象的历史概念具象化，使观众能够更加直观地感受到历史的真实感和温度。这种口述历史的形式，不仅能够传递真实的情感，还能够拉近历史与现实的距离，帮助年轻一代更好地理解和感悟历史。视频中的每一个故事都是一个鲜活的历史片段，它们共同构成中国共产党百年奋斗的生动画卷。新媒体平台的广泛应用，不仅拓宽了信息传播的渠道，还创新了报道的形式。通过网络直播和微宣讲视频，三明市融媒体中心成功地将重大主题报道带入更多人的视野。这些新媒体作品的广泛传播，不仅体现了数字化时代的传播特点，还反映了公众对于高质量内容的需求。更重要的是，它们为重大主题报道开辟新的路径，证明新媒体在传承红色基因、弘扬主旋律方面所具有的独特优势。综合而言，新媒体平台在此次宣传活动中的表现，展示其在传播重大主题报道方面的巨大潜力。通过创新的传播形式和互动手段，新媒体不仅能够吸引更多的年轻人关注历史，还能够促进传统文化与现代生活的深度融合，为未来的重大主题报道提供宝贵的经验和启示。

第五，创新手段的应用为重大主题报道增添新的活力。除了上述几种形式，三明市融媒体中心还积极探索其他创新手段，力求在宣传方式上有所突破。中心与当地党史学习教育领导小组办公室合作，共同发起"我心向党·书信明理"微体会征集活动，并在此基础上制作推出H5作品。这项活动通过新媒体技术手段，鼓励参与者通过书写个性化"明信片"的形式表达自己对中国共产党的深厚情感及对党的理论的理解。据统计，该活动共收到来自社会各界的1300余张充满个性的"明信片"，并且有超过22.6万人次参与到线上互动当中。这种新颖的互动方式不仅增强了活动本身的趣味性和参与感，也为传播红色文化提供了一种全新的视角。"我心向党·书信明理"活动通过数字化平台，将传统的书信文化与现代社交媒体相结合，创造了独特的参与体验。参与者不仅可以写下自己对党的认识和感悟，还可以通过H5作品的形式，将自己的心声分享给更多人。这种个性化的"明信片"不仅承载个人的情感，也成为一种连接个人与集体记忆的纽带。活动的成功举办，证明在新媒体时代下，传统媒介元素仍然可以焕发新生，成为连接历史与现代的重要桥梁。此外，H5作品作为一种互动性强、易于分享的媒介形式，在此次活动中的应用也显示出其在传播重大主题报道方面的独特优势。H5页面不仅集成文字、图片、音频等多种媒体元素，还提供互动功能，让参与者可以通过简单的操作轻松创作属于自己的个性化作品。这种形式不仅降低了参与门槛，还极大地提升了用户体验，使得更多人愿意参与到活动中来，共同为传播红色文化贡献力量。通过线上线下的联动，此类活动不仅增进了公众对党的认识，还激发了大家积极参与社会建设的热情。通过这些多元化的尝试与探索，三明市融媒体中心不仅成功地完成了建党100周年的重大主题报道任务，而且为今后类似活动积累了宝贵经验。这种创新精神不仅为传统媒体报道提供新思路，也为新媒体在传播重大主题报道中的应用开辟新的可能性。未来，随着技术的不断发展和社会需求的变化，三明市融媒体中心将继续探索更多元、更有效的传播方式，为公众提供更多有价值的信息和内容。

二、如何做好融媒时代的视频化转型？

视频化转型是融媒时代媒体机构必须面对的重要课题。随着互联网技术和社交媒体平台的快速发展，信息传播呈现出去中心化和碎片化的特征，这对传统媒体提出新的挑战。对于传统媒体而言，拥抱短视频是应对这一变化趋势、开辟融媒体报道新路径的必然选择。短视频以其直观、生动的表现形式，迅速赢得广大用户的喜爱，成为当下最热门的内容载体之一。根据第54次《中国互联网络发展状况统计报告》统计，截至2024年6月，中国短视频用户规模达10.50亿人，占网民整体的95.5%，短视频已经成为人们获取信息、娱乐休闲的主要方式之一。入驻短视频平台已成为传统媒体创新传播形式、抢占话语高地的首要选择。短视频平台的用户基数庞大，且活跃度高，这为传统媒体转型提供了广阔舞台。通过入驻短视频平台，传统媒体不仅能够扩大自身的影响力，还能够借助平台的算法推荐机制，实现内容的精准分发，从而更好地触达目标用户。此外，短视频平台上的互动功能也为传统媒体与用户之间的交流提供便利，通过评论、点赞等方式，用户可以直接参与到内容的反馈和讨论中，增强媒体与用户之间的联系。三明市融媒体中心积极适应视频化发展趋势，在重大主题报道等领域中实现视频报道全覆盖。通过推出一系列具有地方特色的短视频内容，中心成功增强地方报道的即时性和生动性。在重大纪念日和节庆活动中，融媒体中心通过直播、短视频等方式实现事件的全程记录和多角度呈现。这种高质量的视频化内容不仅吸引了海量用户，也有效提升了地区影响力，使得三明市的社会文化更为外界熟知，形成独特的传播亮点。

短视频平台的兴起，标志着媒体生态正在经历一场深刻的变革。短视频平台的出现，不仅改变了人们获取信息的习惯，也重塑了媒体行业的格局。为了适应这一趋势，传统媒体必须积极转型，将短视频作为重要的传播手段之一。这种现象的背后，是用户行为的深刻变化：相较于传统的文字和图片，短视频以其直观、快速的特点，更能吸引现代快节奏生活中用户的注意力。短视频平台通过算法推荐机制，将个性化内容推送给用户，从而实现精准传播，提高用户黏性。三明市融媒体中心在这方面做出表率。三明市融媒体中心在实际操作中，充分利用多样化短视频平台的这些特点，实现新闻报道的灵活且有效传播。2020年4月1日，三明市第二批、第三批驰援湖北医疗队凯旋。当天，中心制作的9个抖音视频总阅读量达8800多万人次，其中《三明援鄂医疗队员平安归来，孩子已经认不出她了！》视频作品阅读量达2799.2万人次。这一实例充分说明短视频在传播重大新闻事件时的强大影响力。通过短视频，三明市融媒体中心不仅能够迅速传递重要信息，还能以更加生动的形式展现新闻事件背后的感人故事。短视频的即时性和互动性，使得中心能够实时跟进新闻进展，并通过评论区与观众进行互动，增强新闻报道的参与感和共鸣效应。此外，短视频平台的广泛覆盖和高度分享性，使得单个视频作品能够在短时间内迅速扩散，形成链式叠加的传播效应。三明市融媒体中心的成功实践，为其他传统媒体机构提供宝贵的借鉴经验，即通过内容创新和技术融合，可以在短视频领域占据一席之地，继续发挥其在公共信息传播中的重要作用。

移动直播的常态化，持续提升新媒体平台传播能力。在当今数字化时代，移动直播以其即时性、互动性和真实性，成为信息传播的重要渠道。三明市融媒体中心自成立以来，就深刻认识到网络视频直播这一传播方式的巨大潜力，因此更加重视并积极投入网络直播的实践。通过网络直播，中心成功开拓了网络宣传的新方向，为信息传播注入新的活力。据统计，中心自成立以来共举办600余场网络直播活动，这一数字背后是其不懈的努力与创新。每一场直播都是一次精心策划的传播盛宴，从主题的确定到内容的筹备，从技术的保障到人员的安排，三明市融媒体中心都力求做到尽善尽美。这些直播活动涵盖各个领域和主题，包括新闻事件、文化活动、科技展示、教育培训等。通过多样化的主题选择，诸如此类的直播活动充分满足不同用户的需求，吸引本地用户的广泛关注。为深化拓展省委"三争行动"、推动市委"四领一促"工作、提升三明市政府门户网站为民服务质效，2024年三明市大数据和电子政务中心联合三明市融媒体中心，推出《在线访谈》视频直播节目，邀请市直部门领导做客演播室，紧扣"四领一促"工作，谈心得、谋发展、立新业、建新功。截至2024年11月，三明市政府门户网站在线访谈视频直播活动已开展12期，分别邀请市人社局、自然资源局和生态环境局等部门分管领导，围绕"就业创业政策""加强执法监管 守牢耕地红线""美丽河湖保护与建设"等主题，与网民进行在线互动交流。值得注意的是，每一期直播观看量均超过2万人次，广大网友踊跃参与、跟帖留言、热情点赞，在本地市民中获得很好的反响。此外，真正实现融合传播的整体推进，也是三明市融媒体中心一直以来的目标。网络直播作为融合传播的重要手段之一，发挥了不可替代的作用。在直播过程中，中心充分整合文字、图片、视频等多种元素，为观众呈现丰富多彩的内容。同时，中心还积极利用社交媒体平台进行推广和互动，扩大直播影响力。观众可以通过弹幕、评论、点赞等方式与主播和其他观众进行实时互动，分享自己的观点和感受。这种互动性不仅能增强观众的参与感，也使工作人员能够更好地了解观众的需求和反馈，从而不断改进中心的报道内容和形式。换言之，与传统的文字报道相比，网络直播能够更好地吸引和留住观众的注意力。在快节奏的生活中，人们更加倾向于选择直观、生动的信息获取方式。网络直播正好满足这一需求，为观众提供一种全新的信息体验。总之，移动直播的常态化不仅为新媒体平台带来新的传播机遇，也为传统媒体机构提供转型升级的方向。三明市融媒体中心通过积极运用直播技术，实现新闻报道的创新和传播效果的提升。

为做好融媒时代的视频化转型，三明市融媒体中心结合实践经验提出五个关键步骤。首先是思维转变，地市级融媒体中心要树立融合创新思维，主动拥抱新媒体平台和技术，将传统媒体的专业优势与新媒体的传播特点相结合。其次是内容创新，打造优质原创内容，生产具有深度、广度和独特视角的原创视频，提升内容的核心竞争力。再次是技术应用，提升视频制作技术，利用虚拟现实、增强现实、人工

第五章　内容生产

智能等先进技术，为视频增添新的元素和互动性，为观众带来更好的视听体验。然后，还需要拓展传播渠道，全平台分发，扩大传播范围，并与其他媒体机构、自媒体创作者等开展合作，通过互相推广、联合制作等方式，实现资源共享和优势互补。最后，团队建设至关重要，需要培养多技能人才，打造一支适应融媒体时代的全能型团队，实现人才的可持续发展。

具体而言，思维转变意味着要从传统的单向传播模式转变为双向互动模式，重视用户反馈，及时调整内容策略。在新媒体环境下，观众不再仅仅是信息的接收者，他们也希望成为信息的参与者和创造者。通过社交媒体、评论区、直播互动等方式，媒体机构可以及时收集观众的反馈，并据此调整内容策略，确保报道更加贴近用户需求。例如，三明市融媒体中心在直播活动中引入了观众提问环节，通过即时互动增强观众的参与感，同时也为报道提供新的视角。内容创新则体现在打造《城市记忆·麒麟山》之类的精品节目上，该栏目通过回溯麒麟山的城市记忆，深入挖掘本地的历史文化和风土人情，展现三明的独特魅力与发展潜力。这种创新不仅吸引了年轻观众的关注，还提升了节目的艺术性和观赏性。另一个例子是具有本土文化特点的原创MV《风展红旗如画》，该片被学习强国、中国新闻网、福建电视台和"福建纪检监察"等微信公众号转发，综合浏览量近千万人次，受到各界好评。这些内容创新的实践证明，通过深度挖掘本土文化资源，可以创造出既有地方特色又具有广泛传播力的作品。在技术应用方面，三明市融媒体中心利用先进的视频制作技术，如虚拟现实、增强现实、生成式人工智能（GenAI），为观众带来沉浸式体验，增强互动性。地市级融媒体中心在报道重大活动或庆典时，通过VR技术可以让观众仿佛置身于现场，体验更加真实的场景。而在一些科普类视频中，AR技术可以帮助观众更好地理解复杂的科学原理，使知识传播变得更加直观易懂。此外，AI技术的应用，如智能剪辑、自动字幕生成等功能，不仅能提高视频制作的效率，还能增强用户体验。拓展传播渠道则包括全平台分发策略，确保视频内容能够覆盖尽可能多的用户，并通过与其他媒体的合作，实现资源共享和优势互补。三明市融媒体中心不仅在自有平台上传播视频内容，还积极与各大视频网站、社交媒体平台合作，通过多渠道分发，扩大视频的传播范围。此外，与其他媒体机构、自媒体创作者的合作，不仅丰富了报道内容，还通过互相推广、联合制作等方式实现了资源共享和优势互补。团队建设是实现视频化转型的基础，通过培训和引进多技能人才，打造一支适应融媒体时代的全能型团队，保证中心在视频化转型道路上持续进步。为适应视频化转型的需求，中心加大对员工的培训力度，提升其在视频拍摄、编辑、后期制作等方面的专业技能。同时，中心还积极引进具有新媒体运营经验的人才，组建一支能够胜任多种任务的全能型团队，为视频化转型提供坚实的人才保障。综合而言，通过思维转变、内容创新、技术应用、拓展传播渠道及团队建设，三明市融媒体中心在视频化转型方面取得了显著成效。这些经验和做法为其他地市级融媒体机构提供了宝贵的借鉴，有助于推动整个行业的创新发展。

三、如何创新全媒体表达形式，提升内容传播效果？

在信息时代的浪潮下，媒体格局发生深刻变革。传统媒体面临着巨大的挑战，而全媒体的发展则为媒体行业带来新的机遇。三明市融

第五章　内容生产

媒体中心积极探索创新全媒体表达形式，不断提升内容传播效果，为地方媒体的发展提供有益的借鉴。创新全媒体表达是适应时代发展的必然要求。在当今数字化、智能化时代，用户获取信息的渠道日益多元化，传统媒体的传播内容已难以满足用户需求。三明市融媒体中心深刻认识到这一变化，积极创新全媒体表达形式，以提升内容传播效果，更好地服务用户。只有不断创新，才能在激烈的媒体竞争中立于不败之地。

第一，着力打造融媒产品，实现从以内容传播为核心到以传播效果为核心的转变。为了实现从以内容传播为核心到以传播效果为核心的转变，三明市融媒体中心坚持"新闻＋政务＋服务＋商务"的理念，进一步细化、量化新媒体作品生产任务。不再局限于传统的报纸、视频、图片等单一产品，而是努力打造多样化的融媒产品，对重点报道选题形成了一张海报、一个短视频、一篇文字报道、一条电视报道、一则图文微信的报道模式，实现全平台全覆盖。具体来说，三明市融媒体中心不再单纯追求内容的数量和形式，而是更加注重内容的实际传播效果。这意味着不仅要制作出高质量的内容，还要确保这些内容能够被广泛传播，产生良好的社会影响。在新闻报道中，中心不仅依赖传统的报纸刊发深度报道，如《三明日报》等，还充分利用微信公众号、短视频等新媒体平台进行即时推送。这种多渠道分发的策略，不仅能够满足不同用户的需求，还能在第一时间将新闻信息传递给最广泛的用户群体。在重大事件报道中，中心会在第一时间在微信公众号发布快讯，并随后在短视频平台上发布现场视频，通过微博、抖音等平台进行转发，确保信息能够迅速覆盖各类用户。

第二，坚持移动优先，让新闻更快地触达用户。为确保新闻能够更快地触达用户，三明市融媒体中心坚持移动优先的原则。这一策略的核心在于通过移动平台实现新闻的即时传播，让用户能够随时随地获取最新的新闻资讯。三明市融媒体中心的采编团队立足于各自的专业优势，发挥特长，在第一时间将现场采写的文字、图片和视频资料发给后方。这种快速反应机制使得新闻报道能够在第一时间完成初步编辑，并迅速转化为适合移动平台传播的内容形式。编辑迅速制作微信公众号、短视频等新媒体产品，确保这些内容能够在移动端首发。编辑团队在接收到前线传回的素材后，立即着手制作适合移动平台传播的产品。微信公众号、短视频平台等成为首批发布渠道，确保用户能够在第一时间通过手机等移动设备获取最新资讯。这种移动端首发的做法，不仅提高了新闻的时效性，还增强了用户的关注度。通过移动优先的策略，三明市融媒体中心不仅实现了新闻的快速传播，还提升了用户体验。用户可以随时随地通过手机获取信息，无论是在通勤途中、休息间隙还是在家中，都可以随时查看最新的新闻报道。这种无缝对接的传播方式，让用户不再受限于固定的时间和地点，从而提高信息的覆盖率。为了更好地实现移动优先，中心在整个新闻采编流程中进行全链条优化。从现场采访到素材传输，再到编辑制作和发布，各个环节都紧密衔接，确保每一个步骤都能快速高效地完成。此外，中心还加强后台技术支持，确保素材传输的稳定性和高效性，以及前端展示的流畅度和美观度。

第三，构建差异矩阵，实现新闻事实的跨平台、多角度、立体化呈现。为实现新闻事实的跨平台、多角度、立体化呈现，三明市融媒体中心积极构建差异矩阵，通过整合不同媒介平台的优势，形成互补的报道体系。中心还强化报、网、微、端之间的联动，积极搭建"一次采集、多次生成、多元传播"的生产架构。采编团队根据不同平台的特点，制定相应的报道策略，确保新闻内容在各个平台上都能得到最佳呈现。在微信公众号等新媒体平台上，中心注重速度和互动性，形成全程、全息、全效报道的特点。这些平台通常用于即时发布新闻快讯、现场图片和短视频，以最快的速度传递最新信息。通过微信公众号，用户可以随时随地获取新闻动态，并通过评论、点赞等功能与报道互动，增强参与感。报纸版面和电视新闻则侧重于深度报道，进行二次传播。报纸刊发的深度报道通常包含更加详尽的数据分析、背景介绍和专家观点，帮助读者全面了解事件的前因后果。电视新闻则通过专题报道、深度访谈等形式，提供更加直观的视觉体验和深入的分析解读，使观众能够从多个角度理解新闻事件。通过构建差异化矩阵，三明市融媒体中心实现新闻事实的跨平台、多角度、立体化呈现。具体来说，中心根据不同平台的特点和用户习惯，制定差异化的报道策略，通过上述平台的互补作用，三明市融媒体中心实现新闻事实的多角度呈现。例如，在报道重大事件时，中心会在微信公众号上发布即时快讯和现场图片，让用户在第一时间了解情况；随后，在短视频平台上发布现场视频，让用户看到事件的生动画面；官方网站则提供详细的专题报道和背景资料；报纸版面和电视新闻则推出深度报道，对事件进行全面分析解读。

第四，创新时政新闻报道，让严肃的内容更易被接受。在时政新闻报道方面，三明市融媒体中心针对传统报道模式形式呆板、语言生硬、宣教味浓、用户不易接受等问题，在技术应用、叙事模式、报道形式等方面进行了探索和尝试。例如，在党代会等重大时政新闻报道中，除了在报纸、广播、电视上登载和播报相关消息，新媒体平台则以直播、快讯、微信图文、图说图解、H5、VR、抖音短视频等多种方式进行全方位融媒报道。这种创新的报道方式，实现了新闻作品的融合创新，取得了较好的传播效果。形式创新，以图文并茂的形式展示三明实践故事。三明市融媒体中心推出的"牢记嘱托——图说新思想新理念指引下的三明实践"系列海报，以海报形式图文并茂地展示新思想新理念指引下的"三明实践"故事。30多张海报被制作成大图，供全市各地使用。每到节庆假日，中心都推出系列海报。到目前为止，中心已制作1000多张贺卡。每年春节除夕至初六期间，中心会推出系列春节海报贺卡，为了让海报贺卡能够让大家乐于使用，便于传播，在海报上只植入城市名片、主题词、城市标识，以及市委、市政府中心工作宣传语，但没有署上中心的名称。这种创新的海报形式不仅宣传了三明的发展成就，也增强了用户的认同感和归属感。1997年，时任福建省委副书记的习近平在将乐县常口村调研时提出"青山绿水是无价之宝"理念，2022年三明市融媒体中心推出践行"青山绿水是无价之宝"理念典型案例推荐评选活动，对25个实践案例以微信图文的方式进行展示；同时制作三明市践行"青山绿水是无价之宝"理念典型案例投票评选活动H5投票页面，总投票数达963万。通过这种案例推荐评选活动，中心增强了用户的参与度，扩大了活动的影响力，提高了内容的传播效果。

综上，三明市融媒体中心的实践表明，创新全媒体表达形式是提升内容传播效果的关键。通过打造融媒产品、坚持移动优先、构建差异矩阵、进行新媒体创新探索等方式，三明市融媒体中心实现了内容的多元化传播，提高了用户的关注度和参与度，同时也为其他地方媒体的发展提供了有益的借鉴。未来，三明市融媒体中心将继续坚持创新驱动，不断探索新的全媒体表达形式；加强技术创新，运用人工智能、大数据、云计算等新技术，提升内容生产和传播的效率和质量；深化媒体融合，加强与其他媒体的合作与交流，实现资源共享、优势互补。同时，中心也将更加注重用户体验，根据用户的需求和反馈不断改进内容和服务，为用户提供更加优质的新闻资讯。

四、如何开展融合报道，实现多平台同频共振？

重大主题报道只有"集体作战"和全平台传播，才能放大一体效能，使媒体发挥好"四全"（全程、全息、全员、全效）的作用，实现多平台同频共振，体现重大主题报道在主流思想舆论宣传中的作用。三明市融媒体中心在重大主题报道中的实践表明，通过采用多种体裁、多种形式来报道，不同形态的媒体之间相互支持，不仅会起到相互造势的作用，还能实现多平台同频共振与新闻增值的效果。具体而言，三明市融媒体中心积极构建全媒体传播矩阵，实现传播渠道的多元化，为多平台同频共振奠定了坚实的基础。一方面，不同平台的整合能够满足不同用户的需求。例如，报纸适合深度阅读和资料保存，电视具有较强的视觉冲击力，新媒体平台则更加便捷、互动性强，可以随时随地获取信息。通过整合这些平台，三明市融媒体中心能够覆盖更广泛的用户群体，提高新闻传播的覆盖面和影响力。另一方面，全媒体传播矩阵的构建有助于实现资源的优化配置。不同平台之间可以共享新闻素材、技术资源和人力资源，避免重复建设和资源浪费。在重大主题报道中，记者可以一次采集新闻素材，然后根据不同平台的特点进行加工和发布，实现"一鱼多吃"，提高资源的利用效率。三明市融媒体中心建立一系列有效的机制，实现媒体内部资源流通共享。

第一，建成集指挥调度、全媒采编、大数据分析、网络安全保护等于一体的"中央厨房"，打通内部各媒体平台信息、资源、数据共享通道。通过"中央厨房"，记者采集的新闻素材可以及时上传到共享平台，供各平台编辑选用和加工。这一机制不仅简化了素材流转的流程，还确保了新闻素材的及时更新与高效利用。在重大新闻事件发生时还在第一时间组建微信工作群，记者可以立即将现场拍摄的照片、视频片段及采访录音上传到工作群和"中央厨房"，编辑人员可以根据不同平台的需求，快速选择合适的素材进行加工处理，确保新闻报道的时效性和准确性。"中央厨房"不仅是新闻素材的集中存储和管理平台，还是一个智能分析与决策支持系统。通过大数据分析技术，系统能够实时监控新闻素材的使用情况和传播效果，为编辑人员提供决策依据。系统可以分析哪些素材在哪个平台上的表现最好，哪些类型的报道最受用户欢迎，从而指导后续的报道策略。

第二，资源共享机制的建立为三明市融媒体中心带来显著的内外部效果。一方面，提高自身新闻生产的效率。记者采集的新闻素材可以在短时间内被多个平台采用和发布，减少重复性劳动，提高工作效率。通过"中央厨房"的集中管理和调度，新闻素材能够迅速传递到各个平台，实现"一次采集、多次生成、多元传播"的目标，大大提升新闻生产的效率。在突发事件报道中，记者只需一次采集，即可满足报纸、电视、网站、微信公众号等多个平台的报道需求，避免重复拍摄和采访，节省大量时间和人力成本。另一方面，增强新闻传播的影响力。不同平台之间相互支持、相互造势，实现新闻增值。在"牢

记新嘱托 增创新优势 再上新台阶"活动宣传报道中，报网同步开设专栏，并以一个专栏、一篇会议报道、一篇图说图解、一篇评论员文章、一个视频宣传片、一个微信动图全平台同步发布的形式，增强传播效果。在"周末早餐会"的宣传中，也形成多平台、多模态的融合报道模式，每次举行早餐会时，都会按照融合报道模式进行报道。这种多平台联动的方式不仅扩大了报道的覆盖面，还通过不同形式的内容组合，提升了新闻报道的丰富性和互动性。用户可以在报纸上阅读深度报道，在电视上观看现场视频，在微信公众号上查看图说图解，在短视频平台上观看精彩瞬间，这种全方位、多角度的报道形式，使新闻内容更加立体和生动。

第三，三明市融媒体中心积极响应媒体深度融合的发展趋势，主动入驻国家级和省级移动媒体端及各类流量商业平台，此举旨在构建多元化、立体化的信息传播网络，进一步拓宽资源共享的边界。这种跨平台的战略合作不仅显著提升了新闻内容的可见度和影响力，同时也为广大的用户提供了更为便捷、高效的信息获取途径。通过与外部平台的深度对接，融媒体中心不仅能够实时掌握最新的传播动态和技术革新，还能够在内容创作和分发上更加精准地满足不同用户群体的需求。例如，通过分析平台数据，融媒体中心可以了解到哪些话题更受关注，哪些形式的内容更受欢迎，进而调整自身的编辑策略，提高内容的吸引力和传播效率。值得注意的是，三明市融媒体中心在入驻抖音、微信视频号等短视频社交平台后，积极适应年轻用户的媒介消费习惯，精心制作一系列具有互动性和趣味性的短视频内容。这些内容不仅涵盖时事新闻，还包括文化教育、生活服务等多个领域，极大地丰富了内容生态，促进了与年轻受众的有效沟通。通过这种方式，融媒体中心成功吸引了年轻用户的关注，并有效推动了主流价值观的传播与深化。

此外，三明市融媒体中心同样在创新选题策划方面进行了积极的探索。一方面，每天的选题策划依托全平台编前会，临时重大主题策划采取专题策划会形式"一题一议"，中长期宣传策划通过"3+1"策划制度和重大主题报道联席会组织实施。通过种种创新制度，中心能够提前规划重大主题报道，整合各平台资源，形成宣传合力。另一方面，中心围绕宣传重点、新闻热点主动设置议题、生成话题、引导热点。三明市融媒体中心还注重发挥工作室的作用。自2022年12月三明市全媒体传播体系建设"三融引导项目"启动后，工作室围绕宣传重点、新闻热点主动进行主流舆论阵地引领，并根据自身定位生产创作大量特点突出、风格鲜明的优质全媒体产品。总之，媒体深度融合发展是一个不断探索和创新的过程。三明市融媒体中心在融合报道及多平台同频共振方面的实践为其他媒体机构提供了有益的借鉴和参考。未来，三明市融媒体中心将在媒体融合发展的道路上继续前行，为推动新闻传播事业的发展做出更大的贡献。

五、如何推进创优推优，打造融媒精品力作？

三明市融媒体中心积极顺应时代潮流，不断探索创新融合报道模式，在重大主题报道中发挥重要作用。2022年，由三明市融媒体中心记者参与创作的《三明市昨日颁发全国首张林业碳票"空气"卖到钱了》获第32届中国新闻奖三等奖；2023年，由三明市融媒体中心参与制作的新闻纪录片《沪明往事》获第33届中国新闻奖二等奖。这些成绩的取得，离不开三明市融媒体中心在创优推优工作中的不懈努

第五章　内容生产

力,也充分体现其在融合报道方面的卓越能力和创新精神。

增强创优意识、提前预判策划,是打造融媒精品力作的第一步。为了推进创优推优工作,三明市融媒体中心从创优策划上下功夫,制定了《三明市融媒体中心"红岩"新闻奖评选办法》,同时每季度定期召开选题策划会,总结复盘上季度选题落实情况,并策划、筛选下一季度的重点选题,配套开展一系列工作。此外,融媒体中心提前介入各类重要活动、重大事件,对可能创优的素材给予特别关注,从选题到采访、写作、制作合成、播出进行整体谋划,制订行之有效的创优方案。这种提前介入的策略,不仅确保了新闻报道的时效性,还提高了报道的质量和竞争力。例如,在策划某一重大活动时,三明市融媒体中心会预先制订详细的报道方案,包括采访对象的选择、采访提纲的设计、报道形式的确定等,确保每一个环节都经过精心策划。此外,中心还会根据实际情况调整方案,以应对突发事件或新情况的发生,确保报道始终紧跟时事动态,做到有的放矢。在具体操作中,三明市融媒体中心通过季度选题策划会集思广益,广泛征求各方意见,确保选题的全面性和前瞻性。中心还鼓励各部门、各团队之间加强沟通协作,形成合力,共同推动创优工作的深入开展。在实际操作中,中心会定期评估选题执行情况,及时调整策略,确保每一项选题都能得到有效落实。

新闻创优需要新闻从业人员具有工匠精神,从采访到写作、编辑、配音都要精工细作,精心打磨。新闻创优是一项细致入微的工作,需要新闻从业人员具备工匠精神。融媒体中心根据选题组建项目团队,由具有一定新闻采编理论水平和经验丰富的业务骨干担任牵头人,精心组织实施和总结提炼。这种专业化分工合作的模式,不仅确保了每一个环节都有专人负责,还提高了新闻报道的专业性和可信度。在重要选题的报道中，中心会指派具有相关领域专业知识的记者负责采访，确保报道内容的准确性和深度。在写作阶段，由擅长文字表达的编辑负责稿件撰写，确保报道语言生动、富有感染力。在编辑和配音环节，则由经验丰富的技术人员负责后期制作，确保报道的视听效果达到最佳。在实际操作中，融媒体中心还通过定期培训和实战演练，不断提升从业人员的专业技能。中心会定期邀请行业内的专家学者进行专题讲座，传授最新的新闻采编技术和方法。此外，中心还鼓励员工参与各类新闻竞赛和评选活动，通过比赛提升业务水平，激发创优热情。通过这些措施，融媒体中心不仅打造了一批高水平的新闻精品，还培养了一支高素质的新闻人才队伍，为新闻创优工作的持续开展提供了坚实的保障。

健全激励机制、激发创优热情，是推进新闻创优工作的重要保障。为了激发创优热情，三明市融媒体中心设立红岩奖，并加强机制建设，成立创优专班，落实人员经费保障，调动全体采编人员的创优积极性，共同发力新闻创优工作。红岩奖作为一项重要的激励措施，旨在表彰在新闻创优工作中表现突出的个人和团队，激发员工的荣誉感和使命感。通过定期评选和表彰，中心不仅提高了员工的积极性，还营造了良好的创优氛围。在每年的年终总结会上，中心会对表现优秀的个人和团队进行表彰，并颁发证书和奖金，以此激励更多员工投身于新闻创优工作中。此外，融媒体中心还通过完善绩效考核机制，将创优成果纳入个人和团队的绩效评价体系，确保创优工作得到充分认可。在实际操作中，中心会对每一个选题进行跟踪评估，确保每一项工作都能得到有效落实。此外，中心还通过设立专项基金，支持创优项目的研发和实施，为新闻创优工作提供坚实的物质保障。

第五章　内容生产

坚持"走出去""引进来",学习新闻创优经验,是提升新闻创优业务水平的有效途径。为了提升新闻创优业务水平,三明市融媒体中心积极邀请中国记协领导、各省市新闻业务大咖到中心进行面对面授课,通过"以学带练"提升中心全体员工新闻创优业务水平。这种"引进来"的方式,不仅为员工提供了与业内专家直接交流的机会,还帮助员工开阔视野,学习到最新的新闻创优理念和技术。在专题培训中,中心会邀请资深新闻编辑进行现场演示,通过实际操作展示新闻编辑的技巧和方法。此外,中心还通过组织员工参加各类培训班和研讨会,给员工提供更多的学习机会。同时,三明市融媒体中心领导和业务骨干还"走出去",到江西广播电视台、山东广播电视台、湖南广播电视台等省级创优媒体学习省级主流媒体在新闻创优方面的体制机制和经验做法,促进中心新闻创优工作落实、落细。这种"走出去"的方式,不仅为员工提供了实地考察的机会,还帮助员工了解到其他优秀媒体机构的成功经验和做法。在一次次参观交流中,中心员工深入了解了新闻创优方面的先进做法,并将其引入自身的创优工作,由此取得显著的效果。通过这种内外结合的学习方式,融媒体中心不仅提升了自身的新闻创优业务水平,还促进了与其他媒体机构的交流合作,为新闻创优工作的深入开展提供了有力支持。

持续优化机制,推动新闻创优工作的深入开展,是实现新闻精品力作的关键。三明市融媒体中心在推进新闻创优工作中,始终注重机制的持续优化和完善。除了前面提到的选题策划、工匠精神、激励机制和学习经验,中心还通过不断总结经验和教训不断调整和完善工作机制。在每次选题策划会之后,中心都会组织相关部门和团队进行复盘总结,分析选题执行过程中遇到的问题和不足,并提出改进措施,通过这种闭环管理机制增强创优工作的实效性。此外，三明市融媒体中心还注重人才培养和技术支持，通过引进先进技术和设备提升新闻采编的效率和质量。中心投资购置高清摄像机、无人机等设备，为记者提供更好的拍摄工具，提高新闻报道的视觉效果。同时，中心还通过举办各类技术培训提升员工的技术水平，确保每一位员工都能熟练掌握最新的新闻采编技术。通过这些措施，三明市融媒体中心不仅打造了一批高水平的新闻精品，还推动了新闻创优工作的持续发展，为实现新闻精品力作奠定了坚实基础。

六、市级融媒体中心如何加强与县级融媒体中心的通联互动？

市级融媒体中心与县级融媒体中心通联互动对于提升新闻宣传效果、构建主流媒体新优势具有至关重要的意义。通联互动能够打破市、县两级媒体之间的壁垒，实现新闻资源、技术资源、人才资源等的整合与共享，提高资源利用效率。在新闻资源方面，县级融媒体中心贴近基层，拥有丰富的本土新闻素材，而市级融媒体中心则具有更广阔的传播渠道和更大的平台影响力。通过通联互动，双方可以共享新闻线索和选题，共同策划重大主题报道，实现新闻资源的最大化利用。例如，三明市融媒体中心可以与县级融媒体中心合作，共同挖掘三明地区的红色文化、绿色生态等特色资源，打造具有地域特色的新闻专题。在技术资源方面，市级融媒体中心通常拥有更先进的技术设备和技术人才，可以为县级融媒体中心提供技术支持和培训。例如，三明市融媒体中心可以组织技术人员对县级融媒体中心进行技术

第五章　内容生产

指导，帮助他们提高新媒体制作和传播能力。同时，县级融媒体中心也可以为市级融媒体中心提供基层实践经验，共同推动技术创新和应用。在人才资源方面，通联互动可以促进人才的交流与培养。市级融媒体中心可以选派优秀的记者、编辑到县级融媒体中心挂职锻炼，传授先进的新闻理念和业务技能。县级融媒体中心也可以选派人员到市级融媒体中心跟班学习，拓宽视野，提高业务水平。通过人才的双向流动，实现人才资源的优化配置。

通联互动有助于挖掘更多新闻线索，提高新闻报道的时效性和质量，扩大新闻传播的影响力。一方面，县级融媒体中心扎根基层，能够及时发现和掌握基层的新闻动态和热点问题。通过与市级融媒体中心的通联互动，可以将这些新闻线索及时上报，由市级融媒体中心进行深度挖掘和报道，提高新闻报道的时效性和针对性。另一方面，市级融媒体中心在新闻策划、采编、制作等方面具有更高的水平和能力。通过与县级融媒体中心的合作，可以为县级融媒体中心提供业务指导和支持，帮助他们提高新闻报道的质量和水平。在重大主题报道中，市级融媒体中心可以与县级融媒体中心共同策划、共同采编、共同制作，形成新闻宣传合力，提高新闻报道的影响力和传播效果。同时，通联互动还可以促进媒体之间的竞争与合作，激发媒体的创新活力，推动新闻宣传工作不断向前发展。

具体到三明市的实践经验，第一，三明市融媒体中心定期组织新闻协作会，总结经验分享案例。在定期组织的全市融媒体新闻协作会上，来自三明市各个县级融媒体中心的代表们共同总结过去一年的新闻协作经验，通过具体的案例分析深入探讨成功的关键因素及遇到的问题。其中，三明市融媒体中心长期定期发布"三明市县融媒工作室作品展播",定期筛选本市县级融媒体中心的优秀作品,既实现对县级融媒体中心的扩散宣传,同时也为市县融媒交流提供便捷的平台。2024年9月14日发布的"三明市县融媒工作室2024年8月份作品展播",对大田后生仔工作室的《深山里的航海奇迹》、尤溪张敏工作室的《行走的青春》等作品进行展播宣传。这些成功案例为其他市县融媒体中心提供了宝贵的经验借鉴,也让其他市县融媒体中心更加明确在新闻协作中的方向和重点。定期组织新闻协作会,表彰先进激发热情。在新闻协作会上,对在新闻协作中表现突出的先进集体和先进个人进行表彰是一项重要环节。这些先进集体和个人的事迹激励着各县融媒体中心的工作人员,极大地激发了各县融媒体中心的工作热情和积极性,促进了市、县两级媒体间的深度交流与合作。

第二,加强新闻记者走基层活动,围绕主题深入挖掘。围绕重大主题报道,三明市融媒体中心积极开展新闻记者走基层、一线蹲点的新闻活动。记者深入基层,走进乡村、企业、社区等地,挖掘新闻线索,发现好题材。2021年,三明市融媒体中心举行"礼赞建党百年——记者访百村"大型主题采访活动,深入基层一线挖掘新闻素材,以小切口反映大主题,采用融媒报道形式全景展示"百村"变化,反映三明改革发展历程,进一步巩固拓展提升"三明实践",热情讴歌建党百年的光辉历程和伟大成就。这个题材经过精心策划和制作,成为一系列具有深度和影响力的新闻报道。加强新闻记者走基层活动,积极参与具体活动并提供帮助。各县融媒体中心也积极参与记者走基层活动,为记者提供准确的新闻信息和采访帮助。在记者来到明溪、大田等地进行采访时,当地融媒体中心的工作人员提前了解记者的采访需求,为他们提供详细的当地情况介绍和新闻线索。在采访过程中，还协助记者联系采访对象、安排采访时间和地点，为记者的工作提供极大的便利。同时，各县融媒体中心的工作人员也通过参与记者走基层活动，学习到市级融媒体中心记者的采访技巧和经验，共同提高新闻报道的时效性和质量。

第三，加强新闻阅评工作，完善机制并推出报告。三明市融媒体中心进一步完善新闻阅评机制，通过广泛收集编辑、记者等的反馈和评价，定期推出"阅评意见反馈"等阅评报告。这些报告在微信业务群等平台上发布，为全市媒体工作者提供重要的参考。在阅评报告中，不仅对新闻报道的内容、形式、传播效果等进行客观评价，还提出具体的改进建议，不断提高新闻报道的质量和水平。此外，三明市融媒体中心也积极强化通联工作群的管理与运用，及时发布信息进行协作。三明市融媒体中心充分利用微信通联工作群等线上平台，及时发布和传达近期宣传要点、宣传工作安排等信息，加强市、县两级媒体间的实时沟通与协作。在工作群中，一旦有重大新闻事件发生，中心工作人员会在第一时间发布消息，各县融媒体中心也能迅速响应，共同参与报道。三明市融媒体中心通过工作群及时传达会议的主要内容和宣传要点，各县融媒体中心根据要求，结合当地实际情况，进行多角度、全方位的报道，形成强大的宣传合力。同时，三明市融媒体中心鼓励各县融媒体中心在通联工作群内积极发言、分享经验、提出问题，共同解决新闻宣传中的难点和问题。在工作群中，经常有各县融媒体中心的工作人员分享自己在新闻报道中的成功经验。当遇到问题时，大家也会在群里积极讨论，共同寻找解决方案。在新媒体传播方面，部分县如果遇到技术难题，会通过在工作群里提问，得到其他县和市级融媒体中心技术人员的及时解答和帮助。

第四，加强人才培养与交流，举办活动提升素质。通过举办新闻业务培训、研讨会、跟班学习等活动，三明市融媒体中心不断提高县级媒体人员的业务素质和综合能力。在新闻业务培训中，邀请业内专家和资深记者进行授课，内容涵盖新闻采访、写作、编辑、新媒体制作等多个方面。研讨会则为大家提供一个交流思想、分享经验的平台。在跟班学习活动中，县级媒体人员来到市级融媒体中心，跟随资深记者一起工作，学习他们的工作方法和经验。三明市融媒体中心对县融媒体中心进行的14期线上线下专业技能培训，邀请众多知名专家授课，为县级媒体人员拓宽视野。中国社会科学院新闻与传播研究所所长、中国社会科学院大学新闻传播学院院长胡正荣在"学习党的二十大精神 加强全媒体传播体系建设"的授课中，深入分析当前全媒体传播的发展趋势和挑战，为融媒体中心员工指明了前进方向。中国社会科学院新媒体研究中心副主任兼秘书长黄楚新教授的"以深度融合推进全媒体传播体系建设"课程，让学员对媒体深度融合趋势下的新闻传播工作有了更深刻的认识。福建省广播影视集团融媒体资讯中心编务委员、福建省网络广播电视台副台长唐征宇的"媒体融合发展趋势及媒体变革"等课程，也为融媒体中心员工带来了前沿的理念和实践经验。这些专业授课不仅提高了县级媒体人员的业务水平，也为他们的职业发展提供了新的思路和动力。

七、媒体融合背景下报纸编辑如何突破创新？

全媒体时代，传统报纸面临着前所未有的挑战与机遇。如何在新媒体的冲击下实现突破创新，成为报纸编辑亟待解决的重要课题。三

第五章　内容生产

明市融媒体中心以其积极的探索和实践，为报纸编辑在媒体融合背景下的发展创新提供宝贵的经验。

第一，不断健全重大题材报道策划机制，在信息深度和报道广度上求突破，形成独家性。做好重大题材报道是党报发挥"喉舌"作用，提高传播力、引导力、影响力、公信力的重要抓手，也是靠内容取胜的关键。三明市融媒体中心坚持"政治家办报"，在重大题材报道上下深功，在版面设计和内容编排上大胆创新，在信息深度和报道形式的广度上力求突破，以内容守住阵地，增强新闻报道感染力和影响力。策划先行是报纸编辑突破创新的支撑维度。只要策划到位，重大题材报道就成功了一半。在各项重大题材报道中，编委会及早谋划，总编办落实选题，报纸编辑全员参与，形成互动良好的选题策划机制，不断推出有思想、有品质的原创性精品佳作。如2021年3月22日至25日，习近平总书记来闽考察。在前期三明市融媒体中心以融媒看点等多种形式不断推出《重访三明，总书记再次聚焦这两个字》等一系列报道基础上，3月26日《三明日报》头版整版刊发新华社通稿《习近平总书记在福建考察时强调 在服务和融入新发展格局上展现更大作为 奋力谱写全面建设社会主义现代化国家福建篇章》的消息和图片；2版整版刊发群众热烈反响；5-8版推出《习近平总书记在福建考察》图片版，精选新华社图片及本报记者拍摄的照片，把习近平总书记在各考察点的重要嘱托以"金句"形式呈现，生动展现了习近平总书记在闽，在三明沙县总医院、夏茂镇俞邦村、沙县农村产权交易中心考察的情景。27日、28日，《三明日报》又持续推出习近平总书记在福建考察反响、回访等10多个版面，随后推出"深入学习贯彻习近平总书记来闽考察重要讲话精神"系列评论，营造浓郁氛围。2022年3月23日，《三明日报》推出《阔步走在春光里——写在习近平总书记来明考察一周年之际》特刊，用24个设计生动、图文并茂的版面，展现了一年来三明牢记嘱托、奋力争先的发展新貌，掀起全市上下学习贯彻落实习近平总书记重要讲话重要指示精神新高潮。在这些版面中，编辑注重坚持主题"深"与内容"广"，编排"文"与"图"并茂，文章"点"与"面"结合，有效增强党报的权威性、吸引力和可读感。同时，通过新媒体团队，《三明日报》微信公众号以版面图片、文配图、图解等形式将报纸刊发的重点报道进行二次传播和生动解读，受到受众欢迎。

第二，探索版面编排上的视觉冲击与创新，增强报纸"第一眼"吸引力，拓展阅读信息量和"悦读"感。媒体深度融合时代，视觉元素在报纸版面设计中的作用更加凸显，编辑应该充分利用图片、图表、图画及其他视觉元素，大力提升版面的整体视觉效果。如2020年4月1日，《三明日报》5—8版刊发战"疫"英雄凯旋专号。其中在5版、8版通版中，以《白衣为袍战荆楚 山花烂漫迎春归》为题，版面中心位置为一则反映三明驰援湖北医疗队抗疫事迹的通讯并配图，左右分设一栏刊发图表，其中左一栏以时间为序，刊发《战"疫"大事记》，右一栏以数字为据，刊发《数说战"疫"》，巧妙地将文字稿件拆分重组，通过图表的形式展现事件。版面还运用了图画形式，在左下角和右上角分别加入武汉黄鹤楼、三明麒麟阁美景，突出地域性特征。版面内容生动丰富、设计精美，不仅有效传达了新闻的核心信息，还引发了读者的情感共鸣，增强了报道的感染力，获得了2020年度福建新闻奖二等奖。同时，三明市融媒体中心注重通过多种报道形式丰富版面语言，拓展阅读信息量和"悦读"感。全媒体时代，报纸切忌模式化，要依据一定的编辑规律进行创新。三明市融媒体中心积极通过消

第五章　内容生产

息、通讯、特写、评论、图片、图表、漫画、海报等多种形式，丰富版面语言。2022年4月18日，习近平生态文明思想理论与实践研讨会在三明举行。4月17日，《三明日报》一版头题文配图刊发《逐梦青山绿水间——三明全面推进生态文明建设综述》；2版、3版刊发《青山绿水是无价之宝》图文通版；4—6版图文并茂介绍三明、厦门、长汀等地践行习近平生态文明思想的生动事例。4月18日，《三明日报》1版刊发三明绿色发展综述，并配发本报评论员文章；2版、3版刊发《践行"青山绿水是无价之宝"理念十佳典型案例》，图文并茂地介绍了将乐常口美丽乡村、三明集体林权制度改革、三元万寿岩保护开发等10个典型案例，版式大气、生动美观；4—7版介绍了提名案例及沙县、将乐等县区生态发展状况。这些版面上，报道形式多样，通过在编排上将完全对称和非完全对称两种形式有机结合，对视觉元素进行优化组合，为读者预先设置最佳的阅读板块和路径，浓墨重彩地呈现了三明市积极践行"青山绿水是无价之宝"理念的生动实践，产生了良好的宣传效果。除了图片、图标等静态视觉元素，中心还在版面中引入动态元素，进一步增强报纸的互动性和趣味性。例如，在版面上添加融媒看点的二维码链接，读者通过扫描二维码观看相关新闻的精选版面图片、原文和二次视频或动画演示，获得更加丰富的新闻体验。

第三，加强与新媒体平台的协同创新，推动编辑角色转变与技能提升。在深度融合的趋势下，报纸编辑需要从传统的文字编辑转变为多媒体内容策划者，通过不断学习和实践提升自身的综合能力。这意味着编辑不仅要具备扎实的文字功底，还需要掌握多媒体内容的制作和编辑技巧。例如，2023年8月26日，《三明日报》4版在2023年度中国地市报优秀新闻作品评选中获得新闻编排类二等奖，并被福建省记协推荐为中国新闻奖报纸版面参评作品。这期报纸报道的主题是日本强排核污染水，这是一个当时备受关注的新闻热点。在报道中，编辑精心策划，从内容层次上做详尽划分，依次介绍事件本身、事件起因、引发的国际谴责、评论及融媒深度阅读。层次分明的报道结构不仅使读者能够快速抓住新闻的核心内容，还能以不同的视角深入了解事件背景及其影响。此外，编辑在版面设计上也下足了功夫。通过精选图片、制作图表、刊发二维码等方式，报纸版面呈现出强烈的视觉冲击力。报纸编辑与新媒体平台的协同创新，是提升新闻报道质量和影响力的关键，这意味着编辑需要在内容策划和传播策略上进行深度融合，实现传统媒体与新媒体平台的优势互补。为了适应这种变化，编辑需要提升业务水平，学习最新的新闻采编技术和方法，拓宽视野，三明市融媒体中心目前已组织14期线上线下专业技能培训。同时，编辑通过实际操作，在干中学，不断提升自身的实践能力。例如，编辑需要具备一定的数据分析能力，通过分析读者扫码后的浏览行为和反馈信息，不断优化报道内容和形式；通过设置问卷调查或在线投票等功能，及时了解读者的意见和反馈，以数据驱动的倒逼方式更好地服务于受众。几年来，通过三明市融媒体中心的多平台融合元素，报纸的内容得以在多个平台上进行二次传播，扩大了报道的覆盖面和影响力。实践表明，报纸编辑需要不断突破创新，加强报纸版面上的融合创新、编排上的视觉冲击与创新，实现传统报纸与新媒体平台的深度融合，提升新闻报道的质量和影响力，为报纸的持续发展注入新的活力。

同时，"移动优先"不是"全盘网化"，还应珍视传统传播平台的品牌价值、权威形象，进一步优化栏目设置、提升内容品质，形成与移动端差异化的信息供给格局。习近平总书记指出："传统媒体和新兴媒体不是取代关系，而是迭代关系；不是谁主谁次，而是此长彼长；不是谁强谁弱，而是优势互补。"三明市融媒体中心的做法是，将时效性较强、"短平快"的新闻信息传播交给移动端，腾出更多采编力量、重要版面去生产、刊发一些具有品质与力量的深度调研报道、深度报道、时事评论。比如，中心在《三明日报》开辟《凭栏·福见三明》栏目，深入三明乡土，寻找新时代的三明文化故事，连续推出《万寿岩：20万年乐土的新故事》《张玉清：我与桂峰的六千次相遇》《杨时文化：倡道东南 新馆流芳》等多篇三明本土优秀文化传承保护创新的深度报道，引起受众关注。报纸"万寿岩"版，从原来的文史类栏目"季风"转型，深度挖掘"文化档案"，通过新发现、新探索，更好讲述地方文化故事。报纸专副刊发挥讲故事的特点和优势，握指成拳，通过深度报道打造出品牌栏目，有效提升了传播力、引导力、影响力、公信力。

综合而言，三明市融媒体中心的实践经验表明，报纸编辑需要不断突破创新，通过报纸版面上的融合创新、编排上的视觉冲击与创新、阅读上的延伸信息量与融合、角色转变与技能提升及与新媒体平台的协同创新，实现传统报纸与新媒体平台的深度融合，提升新闻报道的质量和影响力。通过这些措施，报纸编辑不仅能够应对新媒体时代的挑战，还能为报纸的持续发展注入新的活力。

八、报纸专副刊如何探索"新闻+"新模式？

报纸专副刊紧扣市委中心工作，探索"新闻+政务+服务+商务"新模式，是提升报纸专副刊影响力的有力举措。报纸专副刊作为报纸的重要组成部分，承担着传播信息、服务读者的重要使命。在新时代背景下，报纸专副刊需要不断创新，探索"新闻+政务+服务+商务"新模式，以更好地服务于社会发展大局。三明市融媒体中心的报纸专副刊紧扣市委中心工作，围绕"风展红旗如画三明""绿水青山是无价之宝"、沪明合作等主题，深度融入打造城市品牌，持续推出"红色三明""工业三明""绿色三明""文明三明"四张名片专刊，"红色领航、生态领向、产业领跑、改革领先，促革命老区高质量发展"系列专刊。这些专刊不仅紧扣市委中心工作，还与要闻版无缝衔接，形成同频共振、互相呼应的良好态势，共同为中心工作营造良好氛围。通过这些专刊，报纸不仅传递市委、市政府的重要决策和工作部署，还展示三明市在经济发展、生态保护、文化建设等方面的成就，增强市民对城市的认同感和自豪感。例如，在报道"绿水青山是无价之宝"主题时，报纸专副刊不仅介绍三明市在生态保护方面的先进经验和典型做法，还通过图文并茂的形式展示三明市美丽的自然风光，激发市民的环保意识和参与热情。此外，专刊还通过与要闻版的互动，形成完整的报道链条，增强报道的连贯性和系统性。

第一，强化"三贴近"，做好民生专刊，是提升报纸专副刊服务功能的重要手段。报纸专副刊不仅要传递党和政府的声音，还要贴近实际、贴近生活、贴近群众，做好民生专刊，为市民提供丰富的资讯和服务。三明市融媒体中心推出"e三明""民生观察"等民生专刊，对接"e三明"平台，办好"这事帮您问了"热线，搭好政务与民生服务沟通桥梁。这些专刊不仅关注市民日常生活中的热点问题，还通过多种形式为市民提供实用信息和解决方案。"e三明"专刊通过与"e三明"平台的对接，及时发布政府公告、便民信息、办事指南等内容，方便市民了解政府政策和服务。在报道疫情期间的防控政策时，

"e三明"专刊及时发布最新的防控措施和防疫知识,帮助市民做好个人防护。此外,"民生观察"专刊还通过"这事帮您问了"热线,收集市民反映的问题,并及时跟进解决,增强报纸专副刊的服务功能。在报道老旧小区改造问题时,"民生观察"专刊通过热线收集市民的意见和建议,并及时反馈给相关部门,促进问题的有效解决。

第二,办好分众专刊,关注"一老一小",是提升报纸专副刊覆盖面和影响力的必要措施。报纸专副刊要满足不同年龄段受众的需求,办好分众专刊,特别是关注"一老一小",提升"夕阳红""教育"版面比重,增设"新青年"版面,开设《强国有我青年说》《夕阳走笔》专栏,为受众提供发表心声的平台,加强与受众的互动,提高版面黏性。例如,三明市融媒体中心借助"夕阳红"版面,关注老年人的生活需求,为老年人提供健康养生、文化娱乐等方面的信息。此外,还通过开设《夕阳走笔》专栏,为老年人提供发表文章的机会,增强老年人的参与感和归属感。"教育"版面则重点关注青少年的成长教育问题,通过报道校园动态、教育政策、家庭教育等内容,为家长和学生提供实用信息。在报道"双减"政策时,"教育"版面不仅介绍政策的具体内容,还通过采访教师、家长和学生,反映政策实施后的情况和反响。此外,还通过增设"新青年"版面,关注青年人的成长和发展,开设《强国有我青年说》专栏,为青年人提供发表心声的平台,增强报纸专副刊的吸引力和影响力。

第三,加强经济报道,服务市民生产生活,是提升报纸专副刊实用价值的重要途径。报纸专副刊要加强经济报道,每周两期《经济纵横》、一期《财富》,聚焦"加快发展新质生产力""'大食物观'的三明实践",为市民提供生产、消费、理财等丰富的经济信息。三明市融媒体中心通过《经济纵横》专刊，及时报道经济发展动态、市场行情、政策解读等内容，为市民提供实用的经济信息。此外，《财富》专刊则关注市民的理财需求，通过报道投资理财、股市行情、金融产品等内容，为市民提供理财指导。在报道三明市大力发展数字经济时，《经济纵横》专刊不仅介绍了相关政策和支持措施，还通过采访企业负责人和专家学者，反映了数字经济发展的现状和前景。

第四，办好《新闻关注》特刊，打造品牌栏目，是提升报纸专副刊深度和影响力的有力手段。报纸专副刊要在内容上求深求实，办好《新闻关注》特刊，对影响面大、有深度的题材集中版面进行挖掘，推出沾泥土、带露珠、有温度的深度新闻，打造品牌栏目。三明市融媒体中心通过《新闻关注》特刊，对一些影响面广、关注度高的新闻事件进行深度报道，通过挖掘新闻背后的深层次原因和影响，为读者提供更加全面和深入的信息。此外，通过打造品牌栏目，报纸专副刊不仅提升了自身的影响力，还增强了读者的忠诚度。《新闻关注》特刊通过集中版面，对一些热点问题进行深入报道，不仅揭示问题的本质，还提出建设性的解决方案。在报道三明市医疗改革经验时，《新闻关注》特刊不仅介绍医改的具体措施和成效，还通过采访患者、医生和管理人员，反映医改带来的实际变化。此外，通过开设《新闻关注》专栏，还邀请专家学者和业内人士进行评论和解读，增强了报道的深度和权威性。

九、报纸文学副刊在融媒体时代如何发展？

与时代同频共振，做"热点追踪者"，是文学副刊在融媒体时代保持活力和影响力的关键。在全媒体时代，地市级党报文学副刊面临着前所未有的挑战与机遇。随着新媒体技术的迅猛发展,传统媒体必须不断创新,才能在激烈的竞争中立于不败之地。文学副刊作为报纸的重要组成部分,不仅承载着深厚的历史和文化积淀,还肩负着传达先进理论、先进文化,引导社会思想潮流,满足读者日益增长的文化需求的重要职责。正如白居易所言"文章合为时而著,歌诗合为事而作",文学副刊不能脱离时效性和新闻性,在题材和主题上要有鲜活的时代气息,关注选题的即时性、贴近性,做时代的"热点追踪者"。三明市融媒体中心的文学副刊经常围绕当前社会热点话题进行创作和报道。在抗击新冠疫情的过程中,文学副刊不仅刊发了大量反映抗疫一线感人故事的作品,还通过诗歌、散文等形式表达对抗疫英雄的敬意,传递正能量。这些作品不仅具有文学价值,还具有新闻价值,使读者能够从中感受到时代的脉搏和生活的温度。通过这种方式,文学副刊不仅提升了自身影响力,还增强了与读者的互动与共鸣,使读者能够从中触摸到时代脉搏,感受到生活的新气象。

第一,突出策划,使文学副刊更有深度,是提升文学副刊品质和吸引力的核心途径。文学副刊不仅关注人,而且关注现实生活,要主动贴近时代,切入生活。文学副刊用其特有的话语方式、表现形式展现出来,形成多元的"呈现""解读""链接""导向",以其特有的视角对社会现实进行观察与思考。为此,编辑要着力创新策划,多打造精品、爆款,结合热点事件推出相关策划,强化文学副刊的主题性。三明市融媒体中心的文学副刊在策划方面做出大量工作。在庆祝改革开放40周年之际,文学副刊推出一系列反映改革开放伟大成就的作品,通过散文、小说等形式,展现改革开放带来的深刻变化。这些作品不仅具有文学价值,还具有历史价值,使读者能够从中感受到改革开放的伟大历程和深远影响。2019年，由市委宣传部、市文学艺术界联合会、原三明日报社联合开展纪念改革开放40周年"亲历40年"百姓故事征集和"讴歌40年"文艺作品征集评奖活动，其中的获奖作品催人奋进，深刻反映改革开放伟大成就。三明市作协主席绿笙常年从事文学副刊的编辑工作，他发现引导诗人深入基层采风创作后，作品就会根植于本地土壤，不照搬照套模式。脚下有泥，心中有光，下笔就有神。2024年，"三明之美"诗歌朗诵会在三明市文艺交流中心举办，朗诵者中有专业的播音员，有老年大学的学员，也有稚气未脱的小学生。他们深情演绎《麒麟山》《万寿岩组曲》《钢花飞溅的图案》等10余首（组）诗歌作品，为现场观众献上一场语言的盛宴。这些诗歌都源于生活、源于三明，是诗人们的深情流露与表白，是《三明日报》文学副刊的重要内容来源。

第二，培育文学副刊文化圈，是增强文学副刊黏性和吸引力的重要手段。在当今网络时代，网络圈层化现象愈加明显。文学副刊作为优秀文化的重要传播阵地，其所对应的圈子主要是那些热爱文学、钟情阅读、高度关注文化的特定群体。从学术角度来看，文学副刊可以依据版面不同的侧重点，精心建立针对不同圈层的微信群。通过巧妙策划线上线下活动，让文友们能够以"圈子"作为有力支点，进行充分的互动交流，进而扩展自身的社交范围，实现个体兴趣的最大化，显著增强文学副刊的黏合力。针对文学副刊工作，三明市融媒体中心积极建立了多个微信群，每个群都具有特定的主题和明确的侧重点。通过这些精心构建的微信群，不仅能够及时高效地发布最新的作品和活动信息，还能有力地促进文友之间的交流与互动。此外，三明市融媒体中心还通过精心组织线下读书会、文学沙龙等丰富多彩的活动，

第五章 内容生产

让文友们有宝贵的机会面对面交流，进一步增强文学副刊的凝聚力和吸引力。以三明诗群为例，《三明日报》的两个文学副刊《杜鹃园》和《怡园》，本着为三明文化培根沃土的宗旨，立足本土，大力培养三明文学作者，推出一批在省内外有重要影响的作家群体。如中国作家协会会员黄莱笙、卢辉、赖微（赖仕禹）、连占斗、白云（孙世明）、离开（黎俊）、惭江（王富云）及福建省作家协会会员、中国文艺评论家协会会员詹昌政等组成的三明诗群，他们的作品在文学副刊的推动下得到更广泛的传播。近年来，《三明日报》文学副刊共培养了20位中国作家协会会员和223位福建省作家协会会员，成为三明一个至关重要的文学创作平台，几乎所有的三明作家都从此起步。这些成功的案例充分证明了培育文学副刊文化圈的重要性和积极意义。

第三，融合互动，打造立体生动的融媒体时代文学副刊，是提升文学副刊传播力和影响力的必然选择。随着智能媒体技术的发展，文学副刊必须走可视听化道路，开设自己的新媒体传播平台，借助微博、电台、微信公众平台、短视频、APP等渠道开设专门的文学副刊栏目，将文学副刊的产品打造成可视、有声的内容进行传播，使读者在移动智能终端上可以随时阅读文学佳作。此外，还可以通过微博、短视频平台等渠道发布文学副刊的音频版本，使读者可以通过听书的方式欣赏文学作品。这些新媒体渠道不仅扩大了文学副刊的传播范围，还提升了读者的阅读体验，增强了文学副刊的核心吸引力。移动端传播，不但要讲覆盖率、到达率，而且要追求打开率、有效性，实现传播内容和效果的有机统一。因此，文学副刊还需要对优质内容进行重点、精心有效运营，实现有效传播。此外，文学副刊还通过策划专题报道、推出系列作品等方式，增强作品的连贯性和系统性，提高传播效果。通过这些措施,三明市融媒体中心《三明日报》的文学副刊在内容上更加丰富多样,在形式上更加生动活泼,在服务功能上更加贴近实际,在传播效果上更加深入人心。这些探索和实践为其他地区的文学副刊提供了宝贵的经验和启示,也为文学副刊在未来的发展中提供了新的思路和方向。

十、如何打造一支分工有序、配合默契的大型直播团队?

明确职责分工是打造一支高效直播团队的前提条件。确保直播活动顺利进行,首先需要明确每个成员的职责分工。三明市融媒体中心在这方面做了较好的示范,将团队细分为导播组、摄像组、技术组、主播组、运营组等多个小组,并明确每个小组的具体职责。例如,导播组负责整体策划和把控流程,确保直播活动的各个环节有序进行;摄像组专注于航拍、地拍,确保画面的高质量输出;技术组负责设备调试和技术支持,保障直播过程中的技术稳定;主播组负责现场解说和互动,确保观众的参与感;运营组则负责直播前后的宣传推广和观众互动,确保直播活动的影响力。通过精细化的分工,每个小组都能够专注于自己的核心任务,减少了不必要的干扰和重复性劳动。在直播过程中,导播组需要实时监控直播进度,并与各个小组保持密切沟通,确保直播活动按照预定的流程顺利进行。摄像组则需要根据导播组的指令灵活调整镜头角度和拍摄位置,捕捉精彩瞬间。技术组则需要随时待命,解决可能出现的技术问题,确保直播画面和声音的清晰流畅。通过明确职责分工,直播团队能够在紧张的时间压力下高效地

第五章 内容生产

完成各自的任务。

精心选拔人才是确保直播团队专业水准的关键因素。对于打造一支高水平的直播团队，精心选拔人才至关重要。三明市融媒体中心在选拔团队成员时，注重挑选具有专业技能和丰富经验的人员加入各个小组，确保团队的专业水准。例如，在摄像组，选拔具备丰富航拍经验和技术娴熟的地拍摄影师，确保画面质量；在主播组，挑选口才流利、应变能力强的主持人，确保直播过程中的互动效果。三明市融媒体中心还定期组织培训，提升团队成员的专业能力和对直播流程的熟悉程度。通过定期培训，团队成员能够及时更新自己的知识和技能，适应不断变化的直播环境和技术要求。同时，鼓励不同小组之间进行交流沟通，增进彼此的了解和配合默契。通过定期举行小组间的交流会，分享各自的经验和心得，促进团队内部的知识共享和技术交流。

建立完善的工作流程和规范，是确保直播活动顺利进行的重要保障。确保直播活动顺利进行，建立完善的工作流程和规范是至关重要的。三明市融媒体中心制定详细的直播前、中、后工作流程，明确每个成员在各个环节的任务和要求，严格按照规范执行。在直播前，团队会进行充分的彩排和预演，发现问题及时调整和改进。通过多次彩排，团队成员能够熟悉各自的职责，减少直播过程中的不确定性因素。在直播过程中，团队成员需要严格按照既定的流程和规范操作，确保每个环节都能够顺利进行。在导播组的指挥下，摄像组需要根据指令灵活调整拍摄角度，技术组需要随时监控设备状态，主播组需要根据实际情况进行解说和互动。通过建立完善的工作流程和规范，直播团队能够在紧张的时间压力下，高效地完成各自的任务。此外，培养团队的协作精神，建立有效的沟通机制，也是确保直播活动顺利进行的重要因素。利用即时通信工具等手段，确保信息及时准确传递，避免出现因沟通不畅导致的失误。通过微信群或专用通信软件，团队成员可以随时交流信息，确保每个人都能及时了解最新的进展情况。

设立合理的激励机制，是激发团队成员工作积极性和创造力的有效手段。激发团队成员的工作积极性和创造力，设立合理的激励机制势在必行。三明市融媒体中心对表现优秀的成员给予奖励，激发大家的工作积极性和创造力。对于在直播活动中表现出色的团队成员，可以通过颁发证书、发放奖金或提供晋升机会等方式进行激励。通过这些激励措施，团队成员不仅能够感受到工作的成就感，还能提高自身的工作热情和动力。激励机制还可以促进团队内部的竞争和合作，激发团队成员的潜能。通过设立"最佳摄像师""最佳主持人"等奖项，鼓励团队成员在各自领域争取优异表现。通过这种良性竞争，不仅能够提高团队成员的能力，还能促进团队整体水平的提升。

不断总结经验和教训是持续改进和完善团队运作的重要环节。持续改进和完善团队运作，不断总结经验和教训关乎未来。三明市融媒体中心在每次直播后都进行复盘，分析存在的问题和不足之处，以便不断改进和完善团队的运作。在直播结束后，团队会组织复盘会议，回顾直播过程中的各个环节，找出存在的问题和不足之处，并提出改进措施。通过复盘会议，团队成员可以共同反思与总结经验和教训，提高自身的能力和水平。在一次直播活动中，如果出现画面不稳定或声音模糊等问题，团队成员可以共同分析原因，并提出改进措施，如加强设备维护、优化直播流程等。通过不断总结和改进的过程，直播团队能够不断提升自身的专业水准，确保每一次直播活动都能顺利进行。

通过以上五个方面的努力，三明市融媒体中心不仅打造了一支分工有序、配合默契的大型直播团队，还为其他地区的直播团队提供了宝贵的经验和启示。这些措施不仅提升了团队的专业能力和技术水平，还增强了团队的凝聚力和战斗力，为未来的直播活动奠定了坚实的基础。

第六章　绩效考核

在媒体融合提升为国家发展战略高度的十年间，从中央到地方政府纷纷围绕融媒体发展的总体趋势和战略目标出台一系列支持政策，带动各地各级融媒体向纵深发展。2020年9月，中共中央办公厅、国务院办公厅印发《关于加快推进媒体深度融合发展的意见》（简称《意见》），提出"要深化主流媒体体制机制改革，建立适应全媒体生产传播的一体化组织架构，构建新型采编流程，形成集约高效的内容生产体系和传播链条"。《意见》印发以来，主流媒体在体制机制、组织架构、生产流程等方面不断进行"融为一体、合而为一"的制度创新改革并取得了一定成效。2024年7月，党的二十届三中全会审议通过的《中共中央关于进一步全面深化改革、推进中国式现代化的决定》提出，要构建适应全媒体生产传播工作机制和评价体系，推进主流媒体系统性变革。新质生产力是当下我国高质量发展的重要推动力，而新质生产力的发展，必然需要形成与之相适应的新型生产关系。因此主流媒体体制机制的变革显得尤为关键，它本质上是对现有生产关系系统性的重塑，是推进主流媒体系统性变革的深层动能。具体来看，主流媒体的组织领导机制、运行管理机制、生产体系、造血机能、人才结构、激励机制等都需要在系统性思维的指导下进行变革。其中,构建科学公平、高效先进的考核激励机制是破除体制机制障碍、创新人才队伍建设的关键环节,只有将科学合理的考核激励机制深度落实在融媒发展的进程中,才能最大限度地激发融媒体中心的内生动力和人才活力。这既是各级融媒体中心发展的客观需要,也是其发展战略得以实现的重要举措。

一、如何实现绩效分级管理,同岗同酬、优绩优酬?

2016年,习近平总书记在党的新闻舆论工作座谈会上强调:"媒体竞争关键是人才竞争,媒体优势核心是人才优势。"[1]人才是推进媒体融合向纵深发展的原动力,如何构建完善的人才战略体系是各级融媒体系统性变革的关键举措。当前地市级媒体融合已经从政策导向的先导期转向全面推进的迭代期,在国家战略导向下形成了相对完善的政策规范体系、各具特色的媒体融合模式,但地市级融媒仍面临着多样的资源整合困境。从激励机制来说,大多数地市由于报纸、广播、电视台合并,因此从业人员身份复杂。目前,由于事业单位编制名额收紧和绩效考核机制的制约,地市级融媒体中心招聘的新员工往往难以获得事业编制身份,只能以聘用形式入职,与单位中年龄偏大且具有事业编制的从业人员存在身份差异、收入差异和职业认同差异等。这些差异的广泛存在造成融媒体内部人员产生心理隔阂和情感壁垒,

---

[1] 习近平在党的新闻舆论工作座谈会上强调:坚持正确方向创新方法手段 提高新闻舆论传播力引导力［EB/OL］.（2016-02-22）［2024-11-03］. http://dangjian.people.com.cn/GB/n1/2016/0222/c117092-28138907.html.

员工的工作积极性和职业认同感岌岌可危，为融媒体中心的长足发展带来消极影响。三明市融媒体中心作为一家山区地市的媒体，同样面临资源分散、市场总量不大、全媒体人才短缺等问题。面对诸多现实困境，三明市融媒体中心摸索出了一条科学公平、与时俱进、符合本地实际的绩效考核路径。

一是坚持同工同酬。为了解决融合初期台报网三家单位因考核、体制、绩效不同而导致获得的薪酬不一样的问题，中心以"保障既得利益，做大增量"为总原则，制订了同工同酬的薪酬分配方案。员工档案工资不变，建立以岗位责任和工作实绩为依据的用人薪酬机制；在绩效工资方面，聘用人员与在编人员进行同岗同酬考核，消除编内外差别，实行同工同酬。

二是坚持优劳优酬。充分发挥考核"指挥棒"作用，设立融媒绩效、通联绩效、奖励绩效等，实现优劳优酬，让"干好干坏不一样""干多干少不一样"。在薪酬分配上实行"三次分配"办法。第一次分配将绩效这块大蛋糕，按90%和10%先进行切分，其中90%作为各部室全年的绩效分配资金，10%作为中心预留奖励分配资金。第二次分配是将内设机构划分为三类，设立三个绩效档次。综合办公室、人力资源部等行政后勤部室系数为1；总编室、全媒体专题部、全媒体音视频部等业务部室系数为1.1；全媒体新闻部、全媒体编辑部等一线采编部室系数为1.2。每年年初，中心按照各内设机构绩效档次和人数核定绩效总量，将90%的中心绩效再次进行切分，分配给各内设机构。进行第三次分配时，各内设机构按分得的绩效总量自行制订二级绩效考评方案，根据员工工作实绩进行分配。同时，部室系数实行浮动制，每年由中心根据部室实际工作表现研究确定。

三是坚持绩效分级管理。三明市融媒体中心班子成员绩效考评按照职级系数核定。其中，正职绩效工资按照当月除班子成员以外所有员工月绩效平均工资的 2.5 倍发放；副职以正职发放的绩效工资为基数，根据工作实绩情况，以月为单位分三档进行考核，系数设置分别为：一档 0.9，二档 0.85，三档 0.8。中心中层绩效考核由部室系数和岗位考核档次系数两项组成。其中，部室系列按照不同类别部室分为 1.2、1.1、1.0 三个系数；岗位考核系数方面，中层正职分为 1.6、1.7、1.8 三个档次，中层副职分为 1.3、1.4、1.5 三个档次。每月根据管理成效和工作实绩，中层正职直接由中心组织考核定档，中层副职由部室先定档后上报中心，再由中心确认考核档次。

媒体融合的关键是人的融合，难点在于体制机制改革。三明市融媒体中心通过改革绩效考核方式创新正向激励制度，打破工作人员身份限制，并按新闻采编、技术保障、后勤行政三类部门工作特性来划分绩效档次，充分体现了以岗位和工作实绩评估绩效的考核标杆，切实激发了各个岗位人员的活力，激发了中心的内生动力。

二、如何解决人员薪酬"天花板"问题？

随着三明市融媒体中心宣传业务量的不断增加和创收工作的持续推进，原来由三明市人社局核定的事业绩效已经无法满足融媒体中心发展的需要。为此，中心创新性通过建立"事业＋产业"绩效叠加制度做大绩效总量，打破事业单位绩效总额包干模式，从而解决了绩效发放"瓶颈"问题。

推行产业绩效，做大绩效总量。为做大绩效总量，中心创新性地提出了"产业绩效"概念并获得三明市委的认可。从2022年开始，由三明市人社部门和财政部门核定，以融媒体中心前三年度创收平均数为基数，融媒体中心可以提取超额部分的30%作为产业绩效进行发放。产业绩效的创新做法破解了多数媒体由于其事业单位属性，产业发展效益无法在现行绩效体系中得到充分体现的困扰，使媒体绩效分配既有事业属性，又体现产业属性，普遍提高了员工收入，极大调动了员工的工作积极性。产业绩效实施两年以来，三明市融媒体中心每年绩效总量扩容达20%。此外，融媒体中心又进一步完善管理激励制度，在基础绩效之外，创设"融媒绩效""创优绩效""通联绩效"，构建了以岗位职责、工作业绩和实际贡献为主，符合媒体特点、尊重新闻规律的薪酬制度，为深化改革推进融合提供了坚强保障。

在"事业绩效＋产业绩效"分配机制的激励下，三明市融媒体中心有效调动了员工积极性，激发了人才创新活力，涌现出多位肯干能干、成果突出的从业人员。一线记者廖伟鹏正是其中的典型代表。从2020年到2022年，廖伟鹏的收入在三年间整整翻了一倍，2023年又在2022年的基础上增加了20%。这充分体现了绩效分配机制对他个人收入的积极影响，让他切实享受到了多劳多得的成果。[1]

第一，工作量与绩效的紧密关联。专题部的廖伟鹏工作勤奋，曾在一个月内完成了五六部专题片的工作量。在优质完成本职工作的情况下，廖伟鹏又在新闻部承担了20多条新闻采写和若干场直播的工作，当月在新闻部兼职的工作量排到部门第二，高工作量也直接转化为增加的个人绩效收入。同时，廖伟鹏在新闻部的兼职工作绩效由融媒体中心进行总量调控，不占用新闻部门的绩效总量。

---

[1] 闫松.三明融媒改革记事［N］.中国新闻出版广电报，2024-05-07（1）.

第二,考核机制的正向激励作用。在"事业绩效+产业绩效"的双重激励下,廖伟鹏意识到收入和绩效直接挂钩,只要积极工作并为中心创造有效价值就能获得相应回报。这种明确的激励机制激发了他的工作积极性和对工作的认同感,促使他自主探寻工作机会,不断创新工作方式方法,进而形成良性循环。廖伟鹏一方面积极关注日常新闻线索,挖掘有价值的报道题材,做工作中的"有心人";另一方面,他钻研多款采写软硬件工具,涵盖拍摄、剪辑、写作等功能,以提高工作效率。例如,廖伟鹏在三明原创音乐剧《幸福的烟火》赴上海参加第22届中国上海国际艺术节的相关报道中,把团队同事匆忙赶路和准备的过程拍成素材,并在返程动车上利用手机软件剪出花絮短视频在多个平台发布,既为三明市融媒体中心带来曝光和流量,也为自己赢得相应的绩效奖励。

第三,个人职业发展空间的拓展。当前媒介形态的革新和传媒产业的转型对传媒人才的能力结构提出新要求,传统媒体人才的单一能力已难以满足市场需求,不仅要"一招鲜",更需要"百招全"。在"事业绩效+产业绩效"机制的激励下,廖伟鹏深刻意识到融媒体时代传媒人才需要具备融合传播能力,于是他自主发展多项工作技能,既熟练掌握融合产品多形式内容生产能力,又精通不同媒体介质的融合分发技能,同时积极承担不同类型的项目工作,积累丰富工作经验,将自己打造成既有"一技之长"又有"多才多艺"的全能型新媒体人才。廖伟鹏"一专多能"的能力也将对其未来职业发展产生正面影响,使他在未来的工作中有更多晋升机会或承担更重要的职责,进一步提升自己的收入水平和职业地位。

榆林传媒中心的薪酬分配方式也在近年做出调整,按照"岗位工资+绩效工资"分配制度，确定了薪资水平随岗位变动、资源向一线倾斜的原则。每月的绩效工资由当月的考核结果评定，而考核结果由中心总考核和部门具体考核共同组成并划分绩效等级。例如，新闻部实行不同平台发稿赋能绩效权重的政策，新媒体作品权重最大。同时，新媒体平台的阅读量、点赞量、评论量等具体指标达到既定要求后可获得额外的绩效加分，在月末按比例换算为绩效工资。榆林传媒中心的绩效工资与个人能力、工作强度、工作质量直接挂钩，既激发了记者、编辑的工作积极性，也推动了中心优质新闻作品的产出。

三明市融媒体中心、榆林传媒中心等融媒体的绩效分配制度改革，坚持事业激励与收入激励并重，坚持以人为本激活组织内生动力。正是坚持了在社会效益的基础上提高自身造血机能的思路，以科学的评价体系与激励机制为基础，才能有效激发员工的主动性，变"要我干"为"我要干"，在融媒体业务上精益求精且主动求新求变、争优创优。

三、跨部门、跨平台作业中绩效如何协调和分配？

在地市级媒体融合全面迭代的趋势下，三明市融媒体中心积极创新体制机制，通过跨部门、跨平台作业的方式，整合资源、提升效率，为用户提供丰富、多元的新闻内容和服务。在这一过程中，跨部门、跨平台绩效的协调和分配显得尤为重要，不仅关系到从业人员的工作积极性和创造活力，也直接影响到融媒体中心的整体运营和发展。

1. 跨部门作业绩效的协调与分配

跨部门作业早已深度融入三明市融媒体中心的日常工作，不同部门之间的协作与配合，使员工能够充分发挥各自的优势，实现资源的优化配置，共同高效完成复杂任务和项目。

一是跨部门作业绩效由任务发出的部门核定。任务发出部门需结合任务的总体战略规划分解细化目标，科学配置岗位，仔细梳理任务触及的各部门职能与流程，细化任务分配的岗位职责和工作标准，做好责、权、利的具体落实。任务完成后，任务发出部门按照既定绩效标准进行核定。实际操作中，由于各部门工作岗位性质不同，其在整体目标的完成进程中所承担的职责不同，需根据重点工作关键指标、内部管理约束指标、经营创收挂钩指标等进行绩效考核体系设置。

二是畅通绩效考核的反馈渠道。绩效考核通常是自上而下的考核体系，主要由融媒体中心的领导班子和部门负责人开展考核。而完善的绩效考核体系还需要畅通的员工反馈渠道，分为考核前沟通和考核后沟通。考核前沟通指的是任务发出前任务参与者共同商议制订绩效考核计划，增强考核计划的公信力，促使员工自愿遵守并激发工作积极性。考核后沟通指的是考核小组要了解任务参与者对绩效考核结果的满意度，当参与者对考核结果有异议时，要提供完善的申诉路径和方式方法。结合三明市融媒体中心的绩效考核实践，在跨部门合作项目任务下达前，可建立以中心副主任为核心，参与任务的各部门主任及员工代表共同组成的绩效考核评议小组。在任务的各个考核阶段发布绩效考核结果，结果公布后的三个工作日内，考核小组可以通过设置举报箱、征求意见及利用公示栏等形式，广泛征求各方面尤其是评议对象对绩效考核的意见与建议。被评议对象可申诉的内容涵盖但不限于以下方面：认为考核者在考核操作中存在有失公允与规范之处；对自身考核结果感到不满或存有异议；对自身考核过程不满或存有异议；对他人考核结果不满或存有异议；等等。对于受理的申诉事件，绩效考核评议小组将向申诉者的直接上级、同事及申诉者本人了解情况，核查员工申诉内容的真伪。若确实存在问题，由绩效考核评议小组对其重新进行评审；若无问题，则向申诉者充分阐述驳回的原因。

在跨部门作业绩效的协调与分配过程中，沟通与协作至关重要。任务发出部门和执行部门之间需要保持密切的沟通，及时交流任务的进展情况、存在的问题及需要协调的事项。只有通过良好的沟通与协作，才能确保任务的顺利完成，同时也能保证绩效核定工作公平、公正、合理。

此外，为了确保跨部门作业绩效的协调与分配机制能够有效运行，三明市融媒体中心还采取了一些措施。例如，建立跨部门工作协调小组，负责协调解决跨部门作业过程中出现的问题；定期组织跨部门绩效评估会议，对绩效核定工作进行总结和反思，不断完善绩效分配机制；加强对员工的培训和教育，提高员工对跨部门作业绩效协调与分配机制的认识和理解，增强员工的团队合作意识和责任感。

2. 跨平台作业绩效的协调与分配

在跨平台作业绩效的协调与分配过程中，需要注意以下几个方面。一是要确保绩效分配的公平性和合理性。不同新媒体平台的用户群体、传播特点和渠道影响力存在显著差异，因此在制定绩效考核标准时需要从内容生产、传播效果、工作规范、团队协作等维度进行综合考量，确保不同平台的新闻作品得到公平的绩效评议。二是完善物质与精神的双重激励机制。当前我国融媒体制机制改革中物质激励的重要作用得到逐步完善，而精神激励往往被忽视在绩效考核评价体系之外。在物质生活有较大改善的今天，融媒体需要重视物质奖励与精神激励的双重建设。一方面，根据员工的工作绩效协调物质奖励和精神激励的力度，激发其职业认同感和成就感；另一方面，根据考核体系分析员工与岗位的适配度，使其个人能力与岗位需求达到最大限度的契合，使人尽其才，使有为者有位，从而进一步激发员工的内生动力和工作热情。三是加强对跨平台作业绩效的评估和监督。由中心领导牵头成立跨平台发稿绩效考核评议小组，建立科学公平的评估指标体系，按月度、季度、半年度、年度定期对文字记者和摄影记者在新媒体平台上的工作表现进行评估和反馈，及时发现问题并加以改进。同时，加强对绩效分配过程的监督，确保绩效分配工作公正、透明、规范。

跨平台发稿是三明市融媒体中心的重要工作内容之一。中心跨平台发稿主要集中在全媒体新闻部，新闻部文字记者和摄影记者在新媒体平台上发表原创的图文或者短视频，按条数计算绩效。新闻部文字记者和摄影记者每月分别有三条图文作品和短视频作品的任务，在完成任务之外，每多发表一条作品，绩效加分25分，约折合100元绩效奖励。另外，在阅读量、点击率、转发量、点赞量等方面产生的爆款作品额外给予一次性奖励。为了更好地激发中心记者跨平台发稿的积极性，三明市融媒体中心还采取了一些创新举措，如建立新媒体平台激励基金，对在各类新媒体平台上表现突出的记者进行额外奖励；开展新媒体作品评选活动，评选出优秀的图文和短视频作品，并给予相应的绩效奖励和荣誉称号等。

宁波市奉化区融媒体中心的新媒体考核制度中，新媒体部每位员工每月拿出1500元纳入部门月度奖金库进行月度考核。经部门领导批准，员工承担规定业务范围外的工作可另外计绩效分，纳入总绩效分核算奖金。该中心对新媒体部门工作任务和评分细则做了详细规定，如新媒体部门记者每月须完成原创新闻采写7条，并获"掌上奉化"首屏推荐，采写舆情信息1条，若完成则计基础分满分，带小视频的新闻每条另外加2分（视频要求有现场配音解说）。基础工作以外的工作量经值班主任或分管领导认可，每条得5分。稿件被甬派APP录用的奖励3分，被新华网、人民网（非地方频道）等国家级平台录用的奖励20分。舆情信息被区里录用的加10分，被宁波市级媒体录用的加20分。同时，该制度还明确了考核扣分措施，对未完成新媒体稿件任务、新闻稿件发布违规、新媒体部门工作人员违规等情况进行扣分处理。①

四、创优绩效、通联绩效、播音主持绩效如何认定？

1. 创优绩效认定

三明市融媒体中心的创优绩效奖励包括以下几个方面。

一是开展内部新闻评优活动。中心持续开展内部新闻评优活动，设立"红岩"新闻奖，每四个月对一线采编人员的全媒体作品（含消息、通讯、言论、标题、图片、版面、美编作品、新媒体作品、音视频作品等）进行评选和表彰，评选标准包括新闻价值、写作水平、报

---

① 区融媒体中心关于制定融媒体中心新媒体考核制度（试行）[EB/OL].（2019-09-27）[2024-11-05]. https://www.fh.gov.cn/art/2019/9/27/art_1229560532_404943.html.

道角度、制作质量、社会影响力等多个维度，评选出的优秀新闻作品作者会获得相应的荣誉证书和奖金。这是中心常态化推进新闻创优奖励工作的重要举措，旨在检阅中心新闻工作阶段性业绩，鼓励员工在日常工作中提高积极性，主动生产高质高量的全媒体作品，放大三明市融媒的传播声量。二是设立项目扶持奖。项目扶持奖指的是策划的新闻、技术保障、行政管理等方面的项目，若获得上级部门扶持资金，则采取"一事一议"的方式给予奖励。三是设立优秀点子奖。优秀点子奖指的是对于新闻策划、技术保障、后勤管理等好点子给予一次性奖励。四是设立专业技能提升奖励。为鼓励融媒体中心从业人员不断提升专业技能，中心设立相关奖项。例如，对于在普通话水平测试、语言表达能力测试、主持能力测试等专业技能考核中表现优异的员工给予奖励，或对参加外部培训、获得相关专业资格证书的员工进行表彰和奖励。五是设立团队合作奖励。中心设立团队合作奖项，以激励团队员工之间协作互助的热情，共同高效优质地完成团队工作。六是设立外部奖项的配套奖励。当员工的新闻作品获得中国新闻奖、福建新闻奖等重要新闻奖项时，三明市融媒体中心给予员工配套的绩效奖励。这些创优绩效奖励举措有效激发了融媒体中心员工的积极性和创造力，员工在正向激励的作用下不断提升业务能力和工作质量，个人在获得物质回馈的同时，也将提升三明市融媒体中心的传播力、影响力和公信力。

2. 通联绩效认定

三明市融媒体中心的通联绩效奖励主要体现在以下几个方面。

一是加强新闻线索收集与共享。中心建立新闻线索共享平台，鼓励全体员工参与收集新闻线索，对提供有价值的新闻线索的员工进行绩效加分奖励。若其他部门根据该线索进行深入报道并取得良好传播效果，提供线索的员工也能获得一定的通联绩效奖励。二是稿件合作与交流。中心鼓励员工加强与其他媒体机构的稿件合作，实现资源共享、优势互补。当员工的稿件被其他媒体采用或与其他媒体合作完成的稿件在社会上产生正向传播效果时，员工可获得通联绩效加分。例如，新闻记者的作品被《人民日报》、中央广播电视总台等央媒采纳使用的，给予一次性奖励；作品被学习强国、《福建日报》、福建广播影视集团相关平台的重要版面、重要时段采纳使用的，给予一次性奖励。此外，中心鼓励促进内部部门之间员工的稿件交流与合作。不同部门的员工可以根据各自的专业优势和资源，共同策划、撰写稿件。对于跨部门合作完成的优秀稿件，参与的员工都能获得通联绩效奖励。三是联合采访与活动组织。中心鼓励员工积极参与联合采访活动，与其他媒体或部门共同开展重大主题采访报道。在联合采访中，员工表现出色、积极配合，为采访活动的顺利进行做出贡献的，可获得通联绩效加分。例如，在重大活动、突发事件等报道中，员工与其他媒体组成联合采访组，共同完成采访任务，展示三明市融媒体中心的专业水平和团队协作能力，则可获得通联绩效加分。同时，中心组织开展通联活动，加强与三明市基层通讯员、社会各界人士的联系与互动，通过举办新闻写作培训、座谈会、采风活动等形式，提高基层一线工作者的业务水平，拓展新闻线索来源。组织活动和积极参与活动的员工都有机会获得通联绩效奖励。四是加强对通联效果的评估与反馈。由中心领导牵头成立通联绩效考核评议小组，建立科学公平的评估指标体系，按月度、季度、半年度、年度定期对员工的通联工作进行评估。评估内容包括新闻线索收集数量与质量、稿件合作情况、联合采访表现、通联活动组织效果等。根据评估结果，给予员工相应的通联绩效奖励或提出改进建议。

3.播音主持绩效认定

本着"多劳多得、优劳优酬、科学定酬、公平公正"原则，根据三明市融媒体中心播音主持岗位工作职责，播音员主持人绩效工资实行积分制管理。播音员主持人绩效分为基础绩效分和奖励绩效分。奖励绩效分为创优争先突出贡献所获得的绩效分。同时，按照中心"事业绩效＋产业绩效"分配机制的发展，考核培训中心相关服务工作。如中心主持人参与经中心批准的节日录制、红色宣讲等社会活动，部门根据市场行情及活动类别进行收费。费用全部进入融媒体中心账户，严格遵守收支两条线制度。播音员主持人可提取扣除成本后的税前活动费用40%作为个人劳务费，活动联系人提取10%的业务提成，个别特殊情况另行报批。

此外，中心按照播音员主持人日常工作、参与活动场次和创收情况，对积极配合中心工作、表现突出的，由部室进行年度综合评价，评出三名优秀播音员、主持人，分别给予现金奖励，并在职称评聘、年度考核、评先评优方面优先考虑。

五、产业运营人员绩效如何管理？

媒体融合发展至今，各级融媒体中心明确以用户为中心的宗旨，积极探索多元化运营模式，增强自我造血机能。[①] 可以说，健全良性的产业运营体系是融媒体进一步发展的关键保障。对产业运营人员进行科学公正且富有正向激励作用的绩效考核是促使融媒体中心得以长足发展的重要环节。

一是针对产业运营人员构建科学合理的绩效管理体系。产业运营人员的工作职责与融媒体的新闻工作者有显著区别，同一套绩效考核指标难以适用。三明市融媒体中心的大部分岗位奖励性绩效工资按基本绩效和预留调节绩效的总和计算，产业运营部则不纳入绩效考核范畴，由中心另行制定绩效考核办法。三明市融媒体中心高度重视产业运营人员的绩效管理工作，制定明确的绩效考核指标体系，从业务拓展、客户维护、营收增长、项目推进、团队协作等多个维度对产业运营人员的绩效进行评估，确保绩效考核的科学性和公平性。对于负责广告业务的员工，评估其成功签约、维护的广告客户数量，广告投放金额及客户满意度等指标；对于负责活动策划的员工，评估其策划和执行活动的数量和质量，包括合作项目效果、经济效益、活动影响力、用户反馈等方面。团队协作同样是评估产业运营人员绩效的重要指标。产业运营人员需要与融媒体中心的其他部门密切配合，共同推进中心项目的落地。因此，群组讨论中的沟通能力和协作精神、团队项目的参与度、对团队任务目标的贡献值等都是对产业运营人员绩效考核的评估指标。此外，在产业运营部内部，同样按照岗位难度和强度进行绩效分配。不同岗位的工作特点鲜明，难易程度也有所不同，

[①] 人民网研究院课题组. 2023 年媒体融合发展观察报告［EB/OL］.（2024-05-21）［2024-11-03］. http://yjy.people.com.cn/n1/2024/0521/c244560-40240390.html.

第六章 绩效考核

三明市融媒体中心在综合考量之后确定产业运营部的岗位绩效系数。这一举措打破了传统"大锅饭"模式，根据不同岗位的价值和职责进行绩效分配，保障产业运营人员劳有所得、多劳多得的科学合理的收入水平。

二是保持定期考核与总评定。三明市融媒体中心采取定期考核的方式，对产业运营人员的绩效进行定期评估，年底进行总评定，并根据考核结果进行奖励或提出改进方案。这种方式有助于及时了解产业运营人员的工作进展和绩效表现，为改进员工的工作方向提供可靠依据。具体来看，每年设置月度考核、季度考核和半年考核，每个考核周期结束后，成立由中心领导和相关部门负责人牵头的绩效评议小组，对产业运营人员的工作效能、团队协作、自我发展和工作态度等维度进行评估。评估方法科学多元，包括业务指标定量分析和部门同事领导互相定性评价等。每年年底进行总评定时，需综合考虑年度各个考核周期的绩效成绩进行全面总结，这不仅是对产业运营人员一年工作的总结和认可，也是制订下一年度工作计划和绩效目标的重要依据。

三是搭建绩效考核反馈机制。在考核过程中，三明市融媒体中心注重反馈机制的建立，鼓励产业运营人员提出自己的意见和建议，以便不断优化绩效管理流程，为中心的持续发展和创新提供有力保障。反馈机制包括绩效考核结果反馈和绩效管理流程反馈两个方面。其一，绩效考核结果反馈。中心及时将绩效考核结果告知产业运营人员，让他们明晰自己的工作表现和优劣之处，并根据个人表现提供具体的改进建议和发展方向，为下一年度的个人发展制订合理计划。其二，绩效管理流程反馈。中心鼓励产业运营人员对考核过程、指标设定、评价方式等提出意见和建议，通过座谈会、个人访谈、意见箱等方式及时表达看法，不断优化和完善绩效管理流程。

四是设立产业运营绩效奖惩机制。清晰明确的奖惩机制是三明市融媒体中心产业运营人员绩效考核的重要组成部分。中心实行奖惩措施，对于完成年度目标任务的部门及个人，给予相应绩效奖励并在内部进行通报表扬；对于未能完成年度目标任务的部室及个人，给予相应绩效扣罚并取消当年评先评优资格。奖惩机制的建立既能激发产业运营人员的工作积极性和自主创造力，形成内部良好的竞争氛围，也能够促进产业运营团队的协作和配合，共同为中心的产业发展贡献力量。

第七章　队伍建设

　　媒体融合已进入纵深发展的关键阶段，全媒体人才队伍建设成为媒体深度融合发展的核心任务。2020年，中共中央办公厅、国务院办公厅印发的《关于加快推进媒体深度融合发展的意见》明确指出，应大力培养全媒体人才。[1] 国家广播电视总局发布的《关于加快推进广播电视媒体深度融合发展的意见》进一步提出目标，力争在1—2年内使全媒体人才队伍建设取得显著进展。[2] 在此背景下，各级融媒体中心应当抓住媒体深度融合的战略机遇期，借鉴先进经验，结合自身实际情况，采取因势利导、因地制宜的策略，推动全媒体人才队伍建设达到新的高度。

　　面对新一轮科技革命和产业变革的兴起及同业竞争压力的加剧，各级媒体机构普遍面临员工活力不足和人才流失等挑战。然而，主流媒体在过去多年发展中积累的人才资源，构成了全媒体人才队伍建设的重要基础。媒体深度融合对队伍建设的要求包括：培养具备跨平台

---

[1] 中共中央办公厅 国务院办公厅印发《关于加快推进媒体深度融合发展的意见》[EB/OL].（2020-09-26）[2024-10-29］. https://www.gov.cn/xinwen/2020-09/26/content_5547310.htm.

[2] 广电总局印发《关于加快推进广播电视媒体深度融合发展的意见》的通知［EB/OL］.（2020-11-13）[2024-11-03］. https://www.gov.cn/gongbao/content/2021/content_5582647.htm.

内容生产能力的全媒体人才,提升团队的技术素养以适应大数据和人工智能等新技术的应用,激发创新思维以提供更具吸引力的内容和服务,强化用户导向意识来满足受众个性化需求,增强团队协作精神以促进不同背景专业人才间的有效合作,以及鼓励持续学习的态度以应对快速变化的媒体环境。

一、媒体融合如何融入人心?

在推动媒体融合的进程中,凝心聚力是确保各项改革措施顺利实施、实现战略目标的关键,融人心在媒体融合中起着至关重要的作用。通过凝聚共识、增强团队协作、激发创新、适应变革、提升用户体验、吸引和保留人才及高效的决策与执行,融媒体中心能够更好地应对媒体融合带来的挑战,实现可持续发展。

人心的融合是媒体融合发展的核心和基础,但这一问题当前仍困扰着不少媒体。从实际情况来看,制作融媒体产品通常难以单兵作战,需要团队协同配合,有负责文字的记者,有负责视频的记者,有稿件加工的编辑,有视觉呈现的美编,有后台支持的技术人员,等等。这些人员在传统媒体中往往隶属于不同部门,在一些媒体集团里工作人员还存在着身份、待遇等方面的差异。实现从"相加"到"相融",媒体人必须真正融合在一起,不再区分传统媒体部门和新媒体部门。这就涉及人才管理体制机制的变革,并且为适应媒体融合发展需要进行组织架构调整。

媒体融合在融人心方面遇到了困难,如传统媒体和新媒体员工之间存在工作习惯和文化的差异,导致部分员工对变革持抵触态度,出现文化差异与抵触情绪;许多员工缺乏新媒体技术和跨平台内容创作

第七章 队伍建设

的能力、技能不匹配,感到焦虑和不安;信息传递不畅使得员工对媒体融合的目标和意义理解不够深入,沟通不足,影响了他们的积极性;现有的薪酬和晋升体系未能充分调动员工的积极性,激励机制欠缺,难以吸引和留住人才;培训资源有限,虽然认识到培训的重要性,但受限于资源和时间,无法为所有员工提供系统化的培训;团队协作障碍,跨部门合作中存在沟通和协调的问题,影响了项目的推进效率。这些困难共同构成了媒体融合过程中的人心凝聚挑战。

目前,许多拥有传统媒体和新兴媒体的传媒单位,对两种媒体的管理体制和机制是分开的,没有形成深度融合;从媒体的外部管理机制来看,传统媒体主要在体制内,而新兴媒体则不少在体制外,管理融合也尚需努力。因此,必须进一步深化改革,推动形成一体化发展的体制机制,为融合发展提供坚实保障和有力支撑。

在媒体内部管理体制机制上,关键是将传统和新兴两种媒体、体制内和体制外两种人员深度融合起来。通过人员交流、统一调配使用、同工同酬等切实措施,改变传统媒体和新兴媒体分立单干的状况,推动传统媒体和新兴媒体管理体制的深度融合。建立多媒体采编平台,升级采编系统,重构新闻采编生产流程,实现新闻信息一次采集、多种生成、多元传播,实现生产管理的深度融合。探索媒体融合发展条件下人才引进、培养和激励机制,完善绩效考核办法,转变体制内外有别的用人机制,建立统一的人才管理体系,实现媒体人才管理的深度融合。

为此,融媒体中心需要明确共同的愿景与目标,制订清晰的战略规划,并通过内部会议和培训让员工认同组织的愿景和使命。加强内部沟通与协作,建立高效的沟通机制,定期召开协调会,促进跨部门团队合作。提升员工技能与素质,提供系统化的培训计划,涵盖新媒体技术、内容创作和数据分析等方面,并为员工制订个人职业发展路径。优化激励与考核机制,建立科学合理的绩效考核体系,设立多种形式的奖励机制,表彰优秀员工。营造良好的企事业文化,倡导开放包容的文化,强化社会主义核心价值观,增强员工的归属感和凝聚力。领导层要发挥示范作用,积极参与各项活动,保持决策透明度。关注员工福利与关怀,改善工作环境,定期开展满意度调查,及时调整管理措施。利用技术工具提升效率,引入先进的项目管理和协同工作平台,利用大数据分析工具为决策提供科学依据。通过这些综合措施,融媒体中心可以有效凝聚全体员工的力量,形成合力,共同推动媒体融合战略的成功实施。

从具体案例来看,三明市融媒体中心的指导思路:"心合"是做好机构改革各项工作的核心要素。为稳步推进媒体融合改革,努力推动全中心各项工作开创新局面、取得新突破,三明市融媒体中心根据改革要求和工作实际,以狠抓日常管理规范和把握好思想"总开关"为抓手,围绕沟通思想、增进团结、找准问题、形成共识、改进作风、推动工作的总体目标要求,做实做细员工思想工作。通过推心置腹的谈心谈话,掌握干部职工对媒体融合改革的认识、思想动态及对机构改革工作顺利推进的工作意见和建议,让干部职工从思想上树立起适应改革、服从改革的大局意识。同时通过业务融合、人员整合,树立改革发展一盘棋、团结干事一条心的意识,推动全中心上下心往一处想、劲往一处使,确保各项工作有落实、有创新、有提升。

为转变传统媒体人的思维定式和固有观念,三明市融媒体中心力促人心全员融合,变被动融合为主动融合。中心通过形势分析、专题

第七章　队伍建设

学习、辅导报告、座谈交流等多种形式开展学习讨论，推动全体从业人员统一融合思想，凝聚改革合力，真正实现从"要我融"到"我要融"和"我想融"的转变。在融合的过程中，中心始终注重团结向上，破除人心隔阂，在提拔任用、绩效管理等方面，对来自三家单位的干部员工、对在编非编人员做到一视同仁。比如，在选人、用人方面，突出实绩导向，打破"论资排辈"，为想干事、会干事、能成事的年轻干部打通上升通道，将 3 名 80 后一线采编人员提任编委，其中还有一名为非在编人员。实现媒体融合，队伍转型是根本。为此，中心将新闻传播学类相关专业纳入市人才引进和招聘紧缺专业，开辟"绿色通道"，建立灵活的用人机制；通过"走出去""请进来""自己学"等方式进行学习培训，推行"工作室"模式，开展"融媒特种兵"选拔培育工作，促进传统媒体新闻人才向复合型人才转变，不断释放人才队伍发展活力。

当前，县级融媒体中心在推动媒体融合的过程中，通过不同的关键举措来凝聚人心，提升团队的凝聚力和战斗力：一是明确共同愿景与使命感，如安吉县融媒体中心通过共享"服务本土、技术输出"的愿景，增强员工的使命感。[1] 二是加强团队协作与凝聚力，如黄平县融媒体中心通过组织党员干部参与助农秋收活动，增强团队合作精神。[2] 三是激发创新与创造力，如望江县融媒体中心实施人才孵化工程，培

---

[1] 安吉县融媒体中心：重塑新闻格局，打造全媒体传播新风向［EB/OL］.（2023-12-23）［2024-11-03］. https://baijiahao.baidu.com/s?id=1786021855946828526&wfr=spider&for=pc.

[2] 棒！新河县融媒体中心上榜全国县融中心综合影响力优秀案例！［EB/OL］.（2022-05-26）［2024-11-05］. https://m.thepaper.cn/newsDetail_forward_18283727.

养全媒体技能人才。[1]四是提升适应与变革能力，如新河县融媒体中心利用大数据分析等新技术优化内容生产流程，展示高度的灵活性。五是提高客户与用户满意度，如东城区融媒体中心通过多渠道互动和高质量内容赢得用户好评。六是重视吸引与保留人才，如平凉市融媒体中心为员工制定职业发展路径并设立多种奖励机制，增强归属感。[2]七是确保决策与执行力，如嘉峪关市融媒体中心通过透明决策和管理层的积极参与，确保各项战略举措高效落实，以互联网思维优化媒体资源配置，合理设置内设部门，将原报社、广播电视台20余个部门整合为10个，使分散的、优质的采编资源要素有效聚合，做到对各种资源科学统筹。[3]这些举措共同推动了融媒体中心融合人心的节奏与持续性。

二、如何开展全员岗位聘用工作？

融媒体中心开展全员岗位聘用工作是确保组织高效运行、激发员工积极性和创造力的重要环节。为了系统化、规范化地实施这一过程，融媒体中心可以采取以下九个关键步骤。第一，进行需求调研，根据融媒体中心的战略目标和发展规划，明确各岗位的具体职责和要求，并基于调研结果科学合理地设置各类岗位，包括专业技术岗、管理岗和工勤岗等，制定详细的岗位说明书。第二，成立岗位聘用工作

---

[1] 2022年6月云南省县级融媒体中心优秀案例发布［EB/OL］．(2022-07-25)［2024-11-05］. http://www.banyuetan.org/dfgc/detail/20220725/1000200033136151658755072751961136_1.html.

[2] 全省市县融媒体中心典型案例［EB/OL］．(2022-08-30)［2024-11-05］. http://gansu.gov.cn/gsszf/gsyw/202208/2112928.shtml.

[3] 全省市县融媒体中心典型案例［EB/OL］．(2022-08-30)［2024-11-05］. http://gansu.gov.cn/gsszf/gsyw/202208/2112928.shtml.

领导小组，负责单位职称评聘的组织管理，研究制定职称评聘有关规定，审定竞聘有关工作办法和评分标准，研究决定评聘中的有关问题等事项。第三，根据核准的岗位总量、结构比例和最高等级限额，制订具体的《岗位设置及聘任实施方案》。第四，公布岗位竞聘实施方案、竞聘岗位及岗位聘用基本条件。第五，由符合竞聘条件的人员按照《岗位竞聘办法》及有关说明，如实填写《岗位聘任申请表》，并按要求提交相关证明材料。第六，按照《岗位竞聘办法》开展量化评分，拟定聘用人选。岗位聘用工作领导小组依据竞聘人员岗位聘任申请表及相关证件、证书和其他材料，对竞聘人员资格、条件进行审核，并对每人的积分进行审查、汇总以确认竞聘总积分，根据考核结果择优提出拟聘人员名单，公布拟聘人员名单及岗位竞聘总积分。第七，提交研究决定。岗位聘用工作领导小组依据岗位总量、结构比例、最高等级限额、各岗位的上岗条件和竞聘总积分，经研究确定各岗位聘用人员名单。第八，将拟聘用人选进行公示，公示无异议后，经相关部门核准，从核准的次月起兑现所聘人员的岗位等级工资。第九，定期收集员工对岗位聘用工作的意见和建议，了解存在的问题，并根据反馈信息不断优化聘用流程和管理制度，提高工作效率和员工满意度。

在媒体融合改革过程中，三明市融媒体中心十分注重保障员工既得利益。一是媒体融合改革"三定"方案明确指出，"因机构融合出现超领导职数的人员保留原职级不变"，这样就确保了因机构改革没有担任实职岗位的科级干部保留原职级及相关待遇；二是媒体融合改革过渡期，所有人员继续按原岗位聘用，相关待遇不变。

在人才招聘方面，三明市融媒体中心注重以下几点：一是将新闻传播学类相关专业纳入市人才引进和招聘紧缺急需专业，开辟"绿色通道"，通过紧缺急需专业免笔试方式招聘人岗相适的专业人才。二是通过劳务派遣、见习、聘用等方式招录非在编工作人员，适时补充采编、后勤等岗位人员缺乏的状况。三是通过公开选聘的方式选聘各县（市、区）在编在岗工作人员，引进有一定工作经验的专技人才，补充中心较为紧缺的文字记者、编导等岗位。

山东省青岛市崂山区融媒体中心是崂山区直属公益二类事业单位，现有高清电视频道、数字广播频率和"崂山融媒"客户端多个网络平台。[①]中心以全媒体思维优化内部组织架构，建立以全员聘用为核心、以岗位管理为基础、以竞争上岗为导向的用人制度和薪酬分配体系。

宁波市奉化区融媒体中心专技人员岗位等级聘任与考核管理办法遵循以下基本原则[②]。一是公开公平，统一标准，严格按照政策要求操作，完善管理标准，兼顾中心原有规定和历史实际，确保整个过程公平公正、公开透明。二是注重实绩，明确导向，建立专业技术岗位管理的综合评价体系，重视实际贡献，打破唯资历论，进一步树立以专业能力和质量为导向的人才评价机制。三是优化结构，提升水平，通过优化人才梯队结构壮大人才队伍数量，建立精准的岗位需求和人岗相适的激励机制，逐步实现优胜劣汰。四是立足发展，超前谋划，适应媒体融合发展的需要，提前引进专业人才，确保现有人才能够留得住、用得好，并与双肩挑、职员职级聘任等制度相配套，为融媒体中心的长远发展奠定坚实基础。

[①] 山东省青岛市崂山区融媒体中心公开招聘专业人员公告［EB/OL］．（2024-03-05）［2024-11-05］．https://mp.weixin.qq.com/s/lbeUv6e6ObhTo4D6jUnsQQ．

[②] 奉化区融媒体中心专技人员岗位等级聘任与考核管理办法［EB/OL］．（2023-08-31）［2024-11-05］．http://www.fh.gov.cn/art/2023/8/31/art_1229560532_1778553.html．

三、如何培养适应融合需求的全媒人才？"融媒特种兵"培训如何开展？

全媒人才是媒体融合战略成功推进实施的关键，全媒人才不仅具备跨学科的知识和技能，能够熟练运用新媒体技术、数据分析和社交媒体运营等工具，还拥有创新思维和内容创作能力，能够在多平台、多渠道上高效生产和传播内容。全媒人才的存在有助于优化媒体资源的整合与利用，提升内容的质量和吸引力，增强用户体验，推动媒体机构在竞争激烈的市场中保持领先地位。此外，他们还能促进传统媒体与新兴媒体的深度融合，实现内容、技术、管理和市场的全方位创新，从而为媒体融合战略的长远发展提供坚实的人才保障。

当前，融媒体中心普遍面临全媒人才短缺的问题，具体表现为专业技能不足、跨学科知识匮乏、创新能力有限、人才流失严重、培训体系不完善、激励机制不健全、人才引进困难及团队协作能力不足。这些问题导致融媒体中心在全媒体内容生产和传播方面力不从心，难以适应快速变化的媒体环境。为解决这一现状，融媒体中心需要加强在职培训、优化薪酬体系、建立完善的激励机制、拓宽人才引进渠道，并提升团队协作能力，以逐步培养和吸引高水平的全媒人才，推动融媒体中心的可持续发展。

融媒体中心致力于培养适应媒体融合战略需求的全媒人才，可采取以下九个关键措施。第一，加强内部员工的合作交流，整合新闻传播学、计算机科学、设计艺术和市场营销等多学科的知识体系，通过实验室和工作室等形式提供实践机会，让员工在真实或模拟环境中锻炼技能。第二，鼓励和支持在职员工参加各类培训课程，更新知识结构，掌握最新技术和工具，同时定期举办工作坊、讲座和研讨会，邀请行业专家分享经验，促进知识交流。第三，与高校和企业合作建立实习实训基地，为学生提供实战经验，并参与实际项目的研发和实施，如新媒体平台建设、内容创新等，增强学生的应用能力。第四，加强数据分析、人工智能、虚拟现实、增强现实等前沿技术培训，同时鼓励学生进行内容创作和策划，培养他们的创新思维和问题解决能力。第五，引入国际化的教育资源和案例，拓宽学生的国际视野，并组织学生参加国际会议、短期交流项目，增加跨文化沟通和合作的机会。第六，通过团队合作完成大型项目，培养学生的协作精神和项目管理能力，并提供领导力培训课程，帮助学生掌握管理和领导技巧。第七，制定相关政策，以支持高校和企业在人才培养方面的合作，并设立奖学金、奖励制度，表彰在全媒体领域有突出表现的学生和员工。第八，利用在线课程和远程教育平台提供灵活的学习方式，并将课程分为不同的模块，允许学生根据自身需求选择学习内容。第九，强调媒体职业道德和社会责任，通过分析实际案例讨论媒体伦理和社会影响，提升学生的道德判断能力。通过这些综合措施，融媒体中心将培养出既具备扎实专业基础，又拥有广泛知识面和创新能力的全媒体人才，以适应快速变化的媒体融合环境。

市县级融媒体中心积极开展"融媒特种兵"培训，以提升员工的全媒体技能和综合素质。例如，三明市融媒体中心多次举办"融媒特种兵"云课堂，邀请行业专家进行全媒体业务培训，内容涵盖短视频制作、新媒体运营等多个方面；菏泽市县级融媒体中心也举办了技术培训班，提升业务骨干的技术能力；漳州市电视台通过建立"三会"制度（编前会、编后会、策划会），培养素质过硬的融媒"特种兵"。这些培训活动不仅提升了员工的专业技能，还增强了团队的凝聚力和

第七章　队伍建设

创新能力，为推动媒体融合战略提供了坚实的人才保障。

市县级融媒体中心积极开展"融媒特种兵"培训，以提升员工的全媒体技能和综合素质。一是培训内容全面覆盖，包括短视频制作、新媒体运营等多方面技能。二是邀请行业专家授课，确保培训的专业性和前沿性。三是采用线上线下结合的方式，通过云课堂和线下实操培训提高培训的灵活性和实效性。四是建立制度化和系统化的培训机制，如漳州市电视台的"三会"制度（编前会、编后会、策划会），将培训融入日常工作流程。① 五是注重实践导向，通过实际项目和案例分析，让员工在真实环境中应用所学知识。六是设立激励与反馈机制，评选优秀学员并收集反馈意见，不断优化培训内容和形式，如阿克塞哈萨克族自治县融媒体中心深入贯彻习近平新时代中国特色社会主义思想，将宣传文化干部培训作为推进媒体融合的重要抓手。七是中心成立了人才培训工作领导小组，制订了年度培训计划，明确了人才培养和激励机制。八是通过"请进来、走出去"的方式，选派人员参加各级培训班，并邀请专家进行内部培训。② 结合全县"干在实处、走在前列"行动，开展"三比"活动，建立"传帮带"制度，促进新进人员成长。借助中央、省市媒体记者的采风机会，安排工作人员跟踪学习。中心坚持量才而用的原则，提拔业务素质全面的人才为中层部室主任，强化实践锻炼，实施轮岗交流，培养复合型融媒人才队伍，全面提升业务水平和工作效率。这些举措有效提升了员工的专业

---

① 漳州电视台：打造融媒"特种兵"［EB/OL］.（2021-04-12）［2024-11-05］. http://jx.fjsen.com/2021-04-12/content_30696729.htm.
② 阿克塞县融媒体中心 多措并举抓实融媒队伍培训工作［EB/OL］.（2022-09-09）［2024-11-05］. http://app.gdj.gansu.gov.cn/home/organ/detail/aid/33595.html.

技能和综合素质，增强了团队的凝聚力和创新能力。

为转变传统媒体人的思维定式和固有观念，变被动融合为主动融合，三明市融媒体中心通过形势分析、专题学习、辅导报告、座谈交流等多种形式开展学习讨论，推动全体从业人员统一融合思想、凝聚改革合力。在融合的过程中，中心始终注重团结向上，在提拔任用、绩效管理等方面，对在编非编人员做到一视同仁。比如，在选人用人方面，突出实绩导向，打破"论资排辈"，为想干事、会干事、能成事的年轻干部打通上升通道。

为加快全媒体人才培养步伐，2022年12月三明市融媒体中心启动"融媒特种兵"培训工作。"融媒特种兵"培训对象从各部室一线采编人员中筛选，中心通过专题培训、业务研讨、实战实训、系统提升等方式，全面提升参训学员写作、拍摄、编辑、制作、出镜等多种采编技能，以便能胜任全媒体采编播各种岗位。培训模式主要包括以下几种。

一是新闻业务理论培训。2023年以来，三明市融媒体中心通过邀请上海澎湃新闻、上海报业集团、《新民晚报》等主流媒体的资深新闻前辈，分享重大主题策划、新媒体项目案例、融媒体工作室运营等，切实提升"融媒特种兵"理论素养和指导实践的能力。[①]目前，已经开展"融媒特种兵"理论培训25期。

二是新闻业务实操培训。三明市融媒体中心邀请具有中高级职称且有丰富实战经验的采编人员，围绕选题策划、新闻采写、摄影技巧、短视频精品创作、微信图文制作等方面，通过实战案例和业务点

---

① 沪明对口合作助推媒体融合发展！三明市举办第九期"融媒特种兵"云课堂［EB/OL］.（2023-10-19）［2024-11-05］. https://m.sohu.com/a/729697141_121123857/?pvid=000115_3w_a.

评相结合的方式对"特种兵"开展有针对性的培训。[①]

三是新闻技能实操演练。"特种兵"通过参与各项重大主题报道、专题报道，在实践中不断提升新闻敏感性，提高自己在写作、拍摄、出镜等各方面的能力，从而助推新闻综合业务迈上新台阶。

四是融媒业务实践操练。三明市融媒体中心下发《"融媒特种兵"参与中心融媒工作室实战训练方案》，通过工作室负责人下发任务或者"融媒特种兵"自行领取任务的方式，参与中心6个工作室日常工作计划，以此提升自己策采编播等各项融媒业务能力。

除了定期定点的"融媒特种兵"培训班，在日常工作中应融入常态化培训：加强沟通与理解，通过定期交流会议和内部沟通平台促进互动；明确共同愿景与目标，确保所有员工对媒体融合目标有清晰的认识；提供交叉培训和工作坊，提升双方的技能互补；建立激励与认可机制，通过绩效奖励和表彰优秀来提高积极性；实施双向导师制度，让员工互相学习对方的优势；通过联合项目和岗位轮换增加实践经验；组织团建活动和文化交流，增进员工间的友谊和相互理解。这些举措有助于缩小文化差异，促进团队融合和高效协作。

四、选拔任用干部如何突出实绩导向、强化正向激励？

融媒体中心在选拔任用干部时，应突出实绩导向并强化正向激励，以提高团队的工作效率和创新能力，促进组织文化的积极发展。明确

---

① 三明市举办第五期"融媒特种兵"培训讲座［EB/OL］.（2023-02-23）［2024-11-05］. https://m.sohu.com/a/644973091_121117081.

评价标准，制定清晰、可量化的绩效考核指标，并通过定期评估跟踪个人和团队的表现；建立公开透明的选拔机制，实施公平公正的竞争上岗制度，并对选拔过程进行公示；注重实际贡献，在考虑提拔人选时重点关注他们在项目中的具体贡献及对组织目标实现的帮助程度；采用多维度考核方式，综合考量个人的专业能力、团队合作精神及领导潜力，并通过全面的、客观的、持续的反馈机制收集多方意见。同时，强化正向激励措施，将物质奖励与精神鼓励相结合，设立奖金、奖品激励等经济上的奖励措施，并通过表彰会等形式给予精神上的认可；为员工提供清晰的职业路径规划并支持其参加培训和发展活动；创造开放包容的文化氛围和舒适的工作空间，鼓励自由表达意见和创意；根据岗位特点和个人情况实行弹性工作制，如远程办公选项，并合理安排休假时间；定期开展一对一会议了解员工需求，及时解决问题，并建立有效的反馈渠道鼓励员工提出改进建议。通过这些方法，融媒体中心可以更好地激发员工的积极性和创造力，构建一个充满活力且高效运转的工作环境。

三明市融媒体中心队伍素养持续提升。发挥绩效的"指挥棒"作用，优劳优酬、多劳多得，激发全体采编人员全心投入新闻宣传战线；构建实战型人才培养模式，搭建新媒体技能微培训、短视频大赛、城市名片策划宣传、"三明实践"主题采访等实战平台，培育一批记者、主播、小编为网络名人；开展"融媒特种兵"培训工作，通过专题培训、业务研讨、实战实训、系统提升等方式，全面提升参训人员写作、拍摄、编辑、制作、出镜等多种采编技能。目前，中心已有一批人员成为新闻业务"多面手"，干部队伍整体素质得到极大提升。2023年，共开展14场新闻业务理论培训活动，共有600余人次采编人员参与。2023年4月成立芳华、清语、明声、如画、创优5个

第七章　队伍建设

融媒工作室，由"融媒特种兵"领衔工作室，中心其他培育对象全程参与工作室的策划与创作。截至2023年12月，各工作室根据自身定位生产创作了130多个特点突出、风格鲜明的优质全媒体产品。

此外，不同融媒体中心根据自身特点和所处环境采取了多种激励措施，以提升员工的积极性、创新能力和工作效率，有一些行之有效的激励措施案例。杭锦旗融媒体中心制订了《杭锦旗融媒体中心绩效考核方案》[1]，通过明确的绩效指标来评价各岗位的工作表现，并据此进行相应的奖励。临邑县融媒体中心建立了全面的激励机制，包括导向激发动力、考核压实责任、关爱储蓄活力等，旨在形成一种"让吃苦的吃香、实干的实惠"的工作氛围。[2] 日照五莲县融媒体中心支持年轻人的职业生涯规划发展，在"一二三工作法"中特别强调青年干部的培养[3]，通过制订成长路径和发展计划，为年轻人才提供更多的学习机会和晋升空间。孟津区融媒体中心推出了一系列优化营商环境的具体举措，不仅提升了市场主体的感知度，也增强了员工对于服务社会的责任感和荣誉感。[4] 金寨县融媒体中心注重发挥党建引领作用，积极落实人才激励政策和保障措施[5]，通过建立奖惩机制进一步调动干部职工的工作积极性。

---

[1] 杭锦旗融媒体中心：夯实工作举措 加快融合创新[EB/OL].（2022-05-08）[2024-11-05]. http://www.ordos.gov.cn/xw_127672/qqdt/202205/t20220509_3210393.html.

[2] 临邑县融媒体中心：打出激励组合拳，提振创业精气神[EB/OL].（2023-08-17）[2024-11-05]. http://dzrb.dzng.com/articleContent/43_1176743.html.

[3] 日照五莲县融媒体中心："一二三工作法"塑强新时代融媒青年干部[EB/OL].（2024-09-23）[2024-11-05]. https://cj.sina.com.cn/articles/view/1893761531/70e081fb02002ojre?finpagefr=p_104.

[4] 孟津区融媒体中心：营商环境提升行动6项举措[EB/OL].（2024-03-22）[2024-11-05]. https://m.ly.gov.cn/2024/03-29/79228.html.

[5] 县融媒体中心：发挥党建引领作用 助推人才队伍建设[EB/OL].（2024-02-15）[2024-11-05]. https://www.ahjinzhai.gov.cn/public/6596501/37148413.html.

从整体来看，部分融媒体中心选择灵活的工作安排与福利待遇，如提供弹性工作时间或远程办公选项，满足员工个性化的工作需求；除了基本薪资，一些融媒体中心还提供额外的福利，如健康保险、团队建设活动、带薪休假等。有些融媒体中心会考虑给予关键岗位或骨干员工一定的职位激励，将个人利益与组织长远发展目标紧密联系起来，增强员工的归属感和忠诚度。上虞区融媒体中心通过典型引路激活运行机制、薪酬体系及人员引进培养的灵活性和竞争力，拓宽选人用人渠道并做好人才发展规划，注重现有人才队伍的挖掘与整合；落实人才激励政策，解决机构编制和人员配置问题，打通非编内人才成长通道，建立全媒体人才职称制度体系。同时，通过校园招聘引入新鲜血液，并采用以老带新的方式留住人才，与高校合作建立实习基地，利用院校资源创新工作、协同育人，优化专业人员结构并提高专业人员的数量和素质，实现供需平衡，缓解用人矛盾，最终达到人才队伍最优化和效益最大化。[①]

这些激励措施的可取之处在于它们能够综合考虑员工的实际需要和个人发展愿望，同时紧密结合组织的战略目标，从而实现双赢。不同的融媒体中心可以根据自身的实际情况选择合适的激励方式，不断调整和完善激励体系，以达到最佳效果。

五、如何加强非编人员职称工资管理，打通晋升通道？

为了加强非正式编制人员（简称"非编人员"）的职称工资管理

[①] 建好人才队伍，助推基层媒体转型蝶变：以上虞区融媒体中心增强团队协作力为例［EB/OL］．（2024-02-23）［2024-11-05］．https://m.sohu.com/a/759518595_121119272/?pvid=000115_3w_a.

和优化晋升通道，融媒体中心应采取一系列系统性和综合性的措施。第一，需制定明确且详尽的职称评定标准，涵盖工作经验、专业技能、教育背景及项目成果等多个维度，并建立定期评审机制，确保所有符合条件的非编人员均有机会参与职称评定。第二，构建一个与绩效挂钩的薪酬体系，通过公正透明的绩效考核来决定薪酬水平，以确保薪酬分配的公平性。第三，应为非编人员提供持续的职业发展机会，包括培训课程和继续教育项目，帮助他们提升专业能力和综合素质，并协助其制订个人职业发展规划。在晋升通道方面，应在组织结构中预留一定比例的管理岗位和技术岗位，明确晋升路径，并通过内部竞聘制度为有能力的非编人员提供晋升机会。第四，鼓励跨部门或跨项目轮岗，以丰富其工作经验并增强综合能力。第五，为了进一步激励非编人员，可以设立表彰奖励机制，对表现优异者给予公开表彰和物质奖励，甚至考虑为核心岗位的非编人员提供股权激励。第六，加强管理层与非编人员之间的沟通与反馈，定期进行面对面交流，并设立匿名反馈渠道，以便及时了解并解决员工的需求和问题。第七，所有措施都应严格遵守国家相关法律法规的要求，并积极争取上级主管部门的支持，以确保政策的有效实施。通过这些综合性措施，融媒体中心不仅能够优化非编人员的职称工资管理，还能为其打通更为广阔的职业发展道路，从而促进整个团队的稳定与发展。

三明市融媒体中心坚持"注重实绩"的用人导向，加强干部一线考察，及时发现政治素质好、工作表现突出的年轻干部并进行任用。2019年以来，中心有3名中层干部被提任为副处级干部，提任了22名科级干部。中心打破选任干部固有思维模式，提任3名80后一线采编人员担任编委，其中一名提任时为编外人员，中心为想干事、会干事、能成事的年轻干部打通了上升通道。

三明市融媒体中心的基本工资基数根据《三明市融媒体中心聘用人员基本工资核定表》(见表 7-1)来确定,同时,中心制定了《三明市融媒体中心非编人员工资组成说明》,打通非编人员晋升通道。

表 7-1　三明市融媒体中心聘用人员基本工资核定表

类别	学历	工龄	职称
基本工资	研究生:1600 元 / 月 本科生:1500 元 / 月 大专:1400 元 / 月 大专以下:1300 元 / 月	45 元 / 年 (封顶 25 年)	中级:75 元 / 年 高级:150 元 / 年 (封顶 25 年)

注:

1. 工龄按照单位入职时间确定。
2. 职称需与岗位专业技术相符。
3. 专业技术职称补助与事业单位工人技术等级补助不得重复发放,按就高原则确定。

三明市融媒体中心制定了详细的职称评定标准,包括工作年限、教育背景、专业技能认证及项目成果等,并建立了定期评审机制。实行绩效挂钩的薪酬体系,将基本工资与绩效奖金相结合,确保薪酬分配的公平性。此外,中心每年为非编人员提供专业培训机会,并鼓励他们参加行业内的继续教育课程,以提升其专业能力和综合素质。在晋升方面,中心设立了从初级到高级的职位层级,明确了每个级别的晋升路径,并通过内部竞聘和跨部门轮岗机制为有能力的非编人员提供晋升空间。为了进一步激励非编人员,中心设置了多种奖励机制,如年度最佳员工奖和特殊贡献奖,表彰优秀员工并给予物质奖励。同时,中心打通了多层次的沟通渠道,包括定期座谈会和匿名反馈系统，确保管理层能够及时了解并响应非编人员的需求。通过这些措施，该融媒体中心不仅提高了非编人员的工作满意度和忠诚度，也增强了整个团队的凝聚力并提高了工作效率。

为了打通员工晋升渠道，江阴市融媒体中心建立选人、用人、育人常态化工作机制，营造"如智者般思考、如农夫般细作、如战士般勇敢"的企业文化。干部员工实行"双通道＋双流通"模式，干部轮岗，员工双选。推进集团和二级子公司总经理"揭榜挂帅"行动。① 延安市融媒体中心增设了首席岗位、资深岗位等晋升通道，并开展中层干部竞聘上岗工作，实现了能者上、平者让、庸者下的良好效果。该中心完善分配考核机制，提高新媒体岗位对优秀人才的吸引力，对接市场薪酬标准，确保以岗定薪、同工同酬，从而激励员工积极争取晋升机会。② 晋城市融媒体中心坚持媒体自身融合和地方、部门、企业深度融合相结合，通过围绕主业紧贴市场的策略，为员工提供了多样化的晋升途径。通过项目合作、业务创新等方式，员工可以在实践中展现才能，进而获得更多的晋升机会。③

柳州市融媒体中心通过《以改革谋创新 向市场要效益》案例展示了其在经营管理方面的创新能力。该中心通过内部创业项目或新业务领域的拓展，为员工开辟新的晋升道路；鼓励员工参与创新项目，对于

---

① 【案例】江阴市融媒体中心：加快打造生态式数智化全媒体［EB/OL］.（2023-08-24）［2024-11-05］. https://new.qq.com/rain/a/20230824A00ZXC00?suid=&media_id=.

② 以人才融合助推媒体融合的延安路径：以延安市融媒体中心实践为例［EB/OL］.（2024-06-19）［2024-11-05］. http://yjs.yanan.gov.cn/yjcg/qsldgbyxtycg/2023n/1803353317485576193.html.

③ 【案例】晋城市融媒体中心：依靠改革做实媒体融合［EB/OL］.（2022-06-13）［2024-11-05］. http://app.gdj.gansu.gov.cn/home/organ/detail/aid/32605.html.

成功推动新项目发展的员工给予相应的职务提升或其他形式的认可。[1]晋江市融媒体中心坚持深度融合改革方向，顺利完成机构三定、人员转隶，建立健全30多项管理制度，实现了机构和人员真合真融。[2]

基于以上多项举措，融媒体中心可通过一系列举措加强非编人员的职称工资管理并打通晋升通道：第一，建立完善的职称评审体系，制定公开透明的评审标准并定期进行评审；第二，设立明确的晋升通道，将岗位分为初级、中级、高级三个级别，并为每个级别设定具体的职责和晋升路径；第三，优化薪酬管理体系，将职称与薪酬挂钩，并引入绩效考核机制发放绩效奖金；第四，提供职业发展支持，定期组织培训活动并实施导师制度；第五，设立激励与表彰机制，每年评选"优秀员工"和"岗位创新奖"等奖项；第六，建立透明沟通与反馈机制，通过定期会议通报单位发展情况并收集员工意见；第七，争取政策支持与法律保障，出台相关政策文件并与非编人员签订正式劳动合同。通过具有可行性的措施有效提升非编人员的职业发展和工作积极性，推动媒体融合战略的成功实施。

六、如何合理设置专技、管理、工勤等岗位？

融媒体中心的专业技术（简称"专技"）岗位正经历着从单一技能向多元复合型转变的过程。从业人员不仅要具备扎实的传统媒体专

---

[1] 柳州市融媒体中心案例入选！中国报业经营管理优秀单位创新案例发布［EB/OL］.（2024-05-29）［2024-11-05］. https://a.lzgd.com.cn/news/share_news.aspx?id=124461.

[2] 案例｜晋江市融媒体中心：打造县级融媒体中心"晋江样板"［EB/OL］.（2021-07-09）［2024-11-05］. https://page.om.qq.com/page/O1xOMzpLX4rTLiPkMyxlwXZQ0.

第七章　队伍建设

业知识,还需要持续学习新技能,以适应快速发展的数字时代需求。融媒体中心在设置专业技术、管理和工勤岗位时,需要综合考虑融媒体中心的功能定位、业务流程及人员配置等因素。

专业技术岗位主要包括:①内容制作与编辑,如记者、编辑、摄影师等负责新闻采编和内容创作的职位。②技术开发与支持,如软件工程师、系统管理员、网络安全专家等,负责维护融媒体平台的技术架构和支持日常运营。③新媒体运营,如运营人员负责社交媒体账号的管理、网络推广等。④视觉设计,如设计师负责视频剪辑、动画制作、平面设计等工作,以增强内容的表现力。⑤数据分析,如工程师利用大数据分析工具对用户行为进行分析,为决策提供依据。

管理岗位主要包括:①高层管理者,如总经理或总监级别的领导,负责整体战略规划与实施。②部门负责人,如新闻部、技术部等部门经理,各自负责相应领域的管理工作。③项目协调员:跨部门间沟通的桥梁,确保各项目按计划顺利推进。④人力资源:负责招聘、培训发展等事宜,构建高效团队。⑤财务会计:保证财务管理规范有序,合理控制成本开支。

工勤岗位主要包括:①行政后勤,包括办公室日常事务处理,如接待来访客人、安排会议等。②设施维护:保持工作环境良好状态,如清洁卫生、设备检修等。③安全保障:确保场所安全无虞,包括消防安全、信息安全等方面。

三明融媒体中心根据岗位实际情况,由中心党组研究确定各系列拟设置的具体岗位及数量,制订《岗位设置及聘任实施方案》,并报经主管部门和人社部门批准后,按方案开展全员岗位聘用工作。中心融合后的新一轮全员岗位聘用工作于 2023 年 11 月完成,共计聘用行政管理岗位2人、专业技术岗位97人、工勤技能岗位5人。中心根据实际情况调整岗位设置，并且随着业务的发展变化适时做出相应调整；同时注重员工的职业生涯发展规划和个人成长空间的设计，通过定期培训等方式提高整个团队的专业水平和服务质量。

三明融媒体中心的原三家单位共核定行政管理岗位18人、专业技术岗位111人、后勤岗位16人。为适应现代媒体融合发展，中心根据现有在编干部职工数量、工作需要及未来发展规划对原三家单位岗位数量进行重新核定，并经市委编办及市人社局报批后确定设置。目前，中心行政管理人员岗位数量下降至8人，专业技术人员岗位增加至129人，后勤岗位降至8人。新核定的岗位数量将使更多岗位倾向于专业技术人员，为媒体融合发展提供更多的专业人才支撑。

许多市融媒体中心都重视通过制定详细的规章制度来明确各个岗位的职能和责任。不过，具体的规章制度内容因地区和机构的主线任务不同而有所差异。如岳阳县融媒体中心设立机房管理制度，其中包含了值班人员的职责等[1]；桐城市融媒体中心负责拟定了中心各项规章制度，夯实管理细则，注明了中心班子成员分工[2]；华亭市融媒体中心明确职能配置、内设机构和人员编制规定，核定领导职数3名，其中，主任1名，副主任2名。[3]为切实解决部分干部职工思想散漫、业

---

[1] 岳阳县融媒体中心机房管理制度［EB/OL］.（2023-08-03）［2024-11-06］. https://www.yyx.gov.cn/37584/38154/38157/38160/38170/38171/39888/content_2095978.html.

[2] 桐城市融媒体中心［EB/OL］.（2024-02-29）［2024-11-06］. https://www.tongcheng.gov.cn/public/2000003131/2023159681.html.

[3] 华亭市融媒体中心职能配置、内设机构和人员编制规定［EB/OL］.（2023-03-20）［2024-11-06］. http://www.gsht.gov.cn/zfxxgk/bmxzxxgk/bmxgk/htsrmtzx/fdzdgknr/LZYJ/art/2022/art_052ffee533144f10b0833278024ef732.html.

第七章　队伍建设

务技能单一及工作效率低下的问题，鹤岗市融媒体中心在优化机构设置和岗位竞聘的同时，制定并实施了一系列规章制度，包括《稿件发布审核制度》《请假与考勤制度》《工作人员行为规范》《广告经营管理办法》《物资采购规定》等共计 16 项。这些制度详细规定了融媒体工作各个环节的责任分配与操作流程，进一步完善了管理链条，增强了管理机制的完整性和有效性，从而推动了中心工作质量和效率的显著提升。[1]

融媒体中心的专业技术岗位随着媒体行业的变化和技术的发展而不断演进，当前呈现的变化趋势主要有以下几个特征。首先，专业技术岗位人才要适应数字化与网络化的工作方式，如从传统的广播电视制作转向更加注重互联网和移动平台的内容生产；对数字内容管理系统的熟悉度要求增加，包括 CMS（内容管理系统）和其他在线发布工具。其次，在新媒体环境下，多媒体技能需求与日俱增，专业技术人员需要掌握多种媒介形式的创作技巧，如视频、音频、图文等。因此，跨媒介叙事能力变得尤为重要，即能够将同一内容以不同形式适应不同的平台。最后，新媒体传播注重社交媒体的互动性，社交媒体运营成为重要组成部分，不限于内容推送，还包括社区管理和用户互动，利用数据分析来理解受众行为，并据此调整内容策略。

在移动优先的顶层设计下，内容创作越来越倾向于首先考虑移动设备上的用户体验，移动端应用开发和优化成为专业技术岗位人才的必要技能之一；而数据工程师或分析师的角色在融媒体中心变得更加

---

[1]【能力作风建设】创新工作机制 激发内生动力 市融媒体中心以"四项举措"全力提升工作质效[EB/OL].(2022-11-28)[2024-11-06]. https://m.sohu.com/a/610965799_121106822/?pvid=000115_3w_a.

关键，专技人员通过数据驱动决策，如使用大数据分析工具来追踪内容表现并指导未来的编辑决策。

在全媒体传播体系下，全媒体报道通过虚拟现实与增强现实，探索如何利用这些新技术给观众提供沉浸式体验。此外，随着人工智能的开发与自动化工具的应用，自动化新闻写作软件开始用于快速生成常规报道，AI 技术也被用来进行图像识别、语音转文字等工作，有助于提高融媒体中心的工作效率，但需要提高智能化专业技术人才在融媒体中心的人员配置数量。因此，融媒体中心相关的技术人才需求也在逐渐上升。此外，在数字化、智能化的新闻生产趋势下，专业技术岗位之间的界限变得模糊，为了更好地整合资源和服务，多项业务需要跨部门协作，更加强调团队合作精神及跨领域知识的学习。如从版权意识与法律合规的角度来看，专业技术人员在处理多媒体内容时，对知识产权的理解和对遵守相关法律法规的要求日益提高。

第八章　技术赋能

关注技术赋能,是增强媒体引导力的必然要求。在信息化时代,谁掌握了技术优势,谁就掌握了传播的主动权。习近平总书记指出:"要把握数字化、网络化、智能化方向,推动制造业、服务业、农业等产业数字化,利用互联网新技术对传统产业进行全方位、全链条的改造,提高全要素生产率,发挥数字技术对经济发展的放大、叠加、倍增作用。"[①] 技术赋能关乎媒体行业的未来走向,也是推动媒体行业高质量发展的关键支撑。新时代背景下,媒体行业面临的机遇与挑战并存,因此要站在全局的高度,深刻理解技术赋能的重要战略意义。

一、如何打造全媒体时代的客户端?

2013年8月19日,习近平总书记在全国宣传思想工作会议上强调,"加快传统媒体和新兴媒体融合发展,充分运用新技术新应用创

---

① 习近平.不断做强做优做大我国数字经济[J].求是,2022(2):4-8.

新媒体传播方式，占领信息传播制高点"①。历经媒介形态探索阶段、内容渠道共建阶段、全媒体矩阵整合阶段，传统主流媒体与新媒体的融合从交互融合不充分，难以实现一体化生产、一体化调度，到如今加速推进全媒体矩阵建设，实现内容生产全方位、全过程、全链条覆盖；技术平台高效能、高智能、高整合构建；传播渠道广覆盖、广触达、广互动连通，主流媒体在信息传播中的主导权和话语权日渐提升。

为了推进媒体融合进程纵深化，越来越多的主流媒体通过建设客户端实现平台化转型——打造自主可控平台、转变运营理念、创新运营模式、整合用户需求，从而在数字化浪潮中实现长远发展。2019年1月25日，习近平总书记在中央政治局第十二次集体学习时的讲话中指出，"党报党刊要加强传播手段建设和创新，发展网站、微博、微信、电子阅报栏、手机报、网络电视等各类新媒体，积极发展各种互动式、服务式、体验式新闻信息服务，实现新闻传播的全方位覆盖、全天候延伸、多领域拓展，推动党的声音直接进入各类用户终端，努力占领新的舆论场"。②

党的二十届三中全会上，中央提出"要构建适应全媒体生产传播工作机制和评价体系，推进主流媒体系统性变革"③。中央广播电视总台打造中央级客户端，充分体现国家在信息传播领域的战略布局，发挥中央媒体在重大活动和主题报道中的主战场优势，成为数字中国传

---

① 习近平在全国宣传思想工作会议上强调 胸怀大局把握大势着眼大事 努力把宣传思想工作做得更好［EB/OL］.（2013-08-21）［2024-11-06］. https://tv.cctv.com/2013/08/21/VIDE1377036593425575.shtml.

② 习近平在中共中央政治局第十二次集体学习时强调［EB/OL］.（2019-01-25）［2024-11-06］. https://baijiahao.baidu.com/s?id=1623631259533940029&wfr=spider&for=pc.

③ 中共中央关于进一步全面深化改革 推进中国式现代化的决定［EB/OL］.（2024-07-21）［2024-11-06］. https://www.gov.cn/zhengce/202407/content_6963770.htm.

播标杆；省级客户端承载着省级层面信息传播和舆论引导角色，传递省委、省政府的政策决策和工作动态，推动社会治理，成为省级新闻传播的核心载体；市县级客户端贴近民生、服务社会，深入挖掘本地特色，贴地飞行。其担任地方政府与民众之间的沟通桥梁，反映市县经济、文化与社会动态，促进政民沟通与共建共享。如今，我国媒体客户端中，一批璀璨蜕变，展现出强大的创新能力和影响力；一批欣欣向荣，积极响应国家政策，服务地方经济和文化建设；一批扬帆起航，勇于探索多元化发展路径，推动内容和技术的深度融合；一批辉煌崛起，成为信息传播的重要平台，引领舆论方向；一批破浪前行，利用新技术提升用户体验，深化与受众的互动和联系。统计数据显示，截至2024年6月底，全国共有16个央省级媒体客户端的累计下载量过亿次，9个央省级客户端平均月活跃用户规模达到百万级以上。

打造全媒体时代的客户端，重心在于优化资源配置，推动资源从整合向融合迈进。资源整合的核心在于将传统媒体、数字内容和用户信息等不同类型的资源进行系统性汇集，提高资源的使用效率，形成多元化的内容库和服务平台，强调资源积累。资源融合则进一步深化，强化跨领域协作，强调资源之间的协同，通过技术手段和管理创新打破各类资源之间的壁垒，形成一个闭环的生态系统。

1. 战略思维：整合技术资源，提升数智化水平

客户端是连接媒体与人民的桥梁和纽带，媒体要在客户端战略中立足长远、稳扎稳打，必须从全局出发，统筹谋划，抓住"牛鼻子"，在战略高地上抢占先机。古人云"谋事在人，成事在天"，今天要"谋事在人，成事在智"。数智化是推动媒体转型升级的核心动力，在

客户端这个核心阵地上，应整合各类技术资源，加快推进技术与内容的深度融合，善于运用人工智能、云计算、大数据等先进技术，构建全方位的数智化平台。例如，封面新闻10.0版本通过整合AI大模型，打造智能化资讯助手"小封"，实现全天候新闻推荐、智能摘要和新闻图谱等个性化服务。客户端还强化了多终端互联，支持智能汽车、智慧屏等设备的无缝互动，提升用户在不同场景中的智能化体验。

2. 创新思维：重构内容生产，焕发内容活力

内容创新是根本，要牢牢把握内容生产的导向关、质量关。优质内容在，核心用户就在。"文章合为时而著，歌诗合为事而作。"在内容的选取上，应注重深入挖掘时代脉搏，增强内容的思想深度、文化厚度、信息密度，讲好中国故事，传播中国声音，进行有高度、有温度的内容生产。不做"浮光掠影"，而要"下笔如有神"，以传播力和影响力相统一的内容引领舆论方向，凝聚社会共识。从主题策划、信息采集、报道呈现、内容验证等多个方面进行全方位布局，打造客户端独家内容。例如，"南方+"客户端，顺应技术变革带来的用户阅读场景和需求变化，打破传统线性生产模式，"以受众为中心"出发，以需求为导向，做到"顺应民心，情理兼顾"。截至2024年6月，"南方+"客户端的下载量已超过1.8亿次，日活跃用户突破600万。凭借"多、快、新、近、实"的优质内容策略，"南方+"客户端被认为是广东第一权威移动发布平台。①

---

① "职"等你来！南方报业传媒集团南方+传媒中心招聘［EB/OL］.（2024-07-29）［2024-11-06］. https://mp.weixin.qq.com/s/pEqv1OgjxL6AKFX38KNkfQ.

3. 系统思维：优化平台布局，强化协同效应

媒体客户端的发展需要站在系统的高度，通盘考虑，协同发力。传统媒体与新兴媒体、中央媒体与地方媒体之间要打破壁垒，形成合力。要用系统思维来推动全媒体时代客户端融合发展。打破思维掣肘，超越内容的简单汇集，突破各平台独立运作的局限，实现各类传播平台之间的多维联动与交互，从而使信息能够在各类终端设备之间流畅、同步地共享，实现资源的最优化利用。例如，央视新闻通过电视、微博、微信公众号、APP客户端等多平台同步发布重要新闻事件，让用户能够从不同的渠道获取内容，确保信息能够无缝传递给受众。

4. 辩证思维：挖掘人才潜力，打造新型队伍

运用辩证思维，在危机中育先机，于变局中开新局，媒体行业必须在守正创新中前行。技术为器，人才为道。媒体行业既要通过技术提升平台效能，实现智能化、个性化的精准传播；同时，也要依靠人才的创造力与洞察力，为客户端注入源源不断的思想力与内容力。"以技辅人、以人为本"，推动媒体行业行稳致远。三明市融媒体中心整合前端新闻采访力量，建立跨媒体形态的全媒体采编团队，形成了移动优先、多维度全天候的传播模式，实现了新闻舆论宣传由单兵作战向多兵种联合作战的转变，实现"人心全员融合，跑出融合发展'加速度'"。客户端在人才培养上要建立健全全链条的培养体系，从新闻采编到技术研发，从舆论引导到数据分析，实现从前端到后台的全面贯通。将传统人才与新型人才相结合，打造出一支"上可治国、下可问民"的新型媒体队伍，为推进媒体行业的转型升级提供强有力的人才支撑。

5.发展眼光：注重长远规划，打造可持续生态

立足全局、着眼长远，以发展的眼光打造全媒体时代客户端，坚持"新闻＋政务＋服务＋商务"，使媒体客户端成为助力社会治理和经济发展的有力工具。不断完善顶层设计，健全机制保障。以客户端为依托，实现信息的精准传播、政务的高效办理、商务的多方对接，真正做到"一网通办、一端连通"，形成多维度、立体化的服务矩阵。例如，"爱安吉"客户端通过发展眼光布局、系统思维整合，集新闻资讯、社会治理、便民服务于一体，贴近群众需求，推动媒体为民服务。设置了预约挂号、安吉美食、智慧5189000等便民功能，让新闻与政务、服务、商务实现有机融合，增强媒体在服务群众、服务社会、服务国家发展战略中的核心作用。

互联网科技、数字科技、通信科技的变革加速推进。如今媒体正面临内容分发渠道集中化、对平台依赖度高、监管力度增强的困境。打造媒体自有客户端，是各级媒体在盈利困境持续下的破局之路。"文以载道"，客户端的发展，既要顺应技术潮流，也要掌握内容主导权，做到有高度、有温度、有深度，引领社会思潮，传递社会主流价值观，实现"风行草偃，化育无声"，把党的声音及时传递到千家万户，形成真正的价值引领。

二、如何建设适应融媒体时代的全景演播厅？

长期以来，新闻的制作和播出依赖的是传统演播厅，传统演播厅通常由摄像机、灯光、背景板、主持人、嘉宾等组成。在这种模式下，新闻节目或各类专题节目主要通过单个固定摄像机或多机位摄像机拍摄，画面是预设的，主持人的功能是向观众传递信息，观众则是被动接收。

传统演播厅有以下几个特点。

其一，单向传递。观众只能通过电视或广播接收信息，不能与节目内容产生互动。节目制作完成后，内容需要通过传统媒体渠道（如电视台）播放，受众是被动观看，缺乏互动性和参与感。

其二，固定视角。无论是新闻播报还是专题节目，都是通过主持人在演播室内的一两个固定镜头呈现的，观众只能看到主持人或嘉宾，而无法获得多角度、立体化的信息展现。比如，在报道重要会议或事件时，镜头通常是对准主持人或记者，画面较为单一，受众只能依靠有限的视听资料获取信息。

其三，传播渠道有限。传统演播厅的节目制作完成后，主要通过电视进行播放。虽然近年来也有节目上传至网络平台，但这种传播形式依然是线性的、滞后的，不能实时地在多平台同步发布，传播的覆盖面和时效性存在一定局限。

融媒体时代下，全景演播厅的建设，是传统媒体向智能化、全景化、互动化媒体转变。全景演播厅是在传统演播厅的基础上进行了全面升级和扩展。运用真三维 UHD4K 虚拟演播室、大屏互动、图文包装、远程连线等最新的技术手段，使得信息传递更为立体、互动性更强，传播渠道也更加丰富多样。相比传统的固定视角、单向输出，全景演播厅具备开放式、高安全、全直播、全媒体、多景区、多功能的新特点，观众能够随时切换视角甚至"进入"节目场景，获得沉浸式的体验。2024 年 9 月 6 日，第 11 号台风"摩羯"登陆我国沿海地区，成为近年来登陆中国的最强秋季台风。央视频采用沉浸式 XR 虚拟演播室，改变了天气预报的呈现方式。传统的天气预报，通常是主持人站在固定的屏幕前，通过平面图像来解释天气现象。观众获取的信息相对单一，更多依赖主持人的语言和图表展示。而在此次台风"摩羯"的报道中，全景演播厅技术运用虚拟现实技术和增强现实技术，让主持人"走进"了台风的现场，仿佛置身其中，与自然灾害直接"对话"。在台风的预报视频中，观众可以看到主持人手持雨伞，行走在"狂风暴雨"的街道上，突如其来的大风直接将伞吹飞。虚拟的树木倒塌"砸入"演播室，雨水倾泻、风暴侵袭等场景栩栩如生。主持人与场景互动自然，观众仿佛置身其中。

全景演播厅可以采集多格式、多源内容，在后台统一处理。在节目制作完成后，融媒体平台的编码器会自动将内容转化为适合电视台、网络直播平台、社交媒体平台的不同视频格式，如适合传统的电视广播信号格式（如 SDI 信号）、适合互联网视频流格式（如 HLS、RTMP）、适合社交媒体平台的短视频格式（如 MP4、MOV）等。媒体云平台可以对全景演播厅生成的节目内容进行统一制作、分发和管理，实现电视、网络、社交媒体等多渠道的实时同步发布。

无论观众是在电视机前看新闻，还是用手机刷短视频，都可以同步接收信息。系统可无缝对接四类核心信号源：其一为广电级 SDI 信号，通过专业数字接口保障电视台高清直播品质；其二为 IP 流媒体信号，基于互联网协议满足网络直播及视频会议的远程传输需求；其三采用 RTMP/RTSP 协议，适配社交媒体与视频网站的实时推流场景；其四配备 4G/5G 移动采编模块，支持新闻现场通过移动网络进行实时采集与云端回传，真正实现"全介质接入、全平台适配"的技术架构。

在建设全景演播厅时,首先要做好顶层设计,科学规划。在规划初期,充分调研国内外先进案例,设计符合新闻宣传实际需求、满足舆论引导需求的建设蓝图,确保建设目标明确清晰、方向统一,避免因盲目建设而造成浪费。技术本身不是目的,解决问题、提升效能才是核心。未来全景演播厅的发展,要以需求为导向,避免盲目追求高精尖的技术堆砌,具体来看,应关注以下几点。

1. 技术升级要与需求精准对接,确保务实创新

过去一些媒体项目失败,往往是由于过分强调技术的前沿性,而忽视了实际的使用场景和用户需求。全景演播厅的技术升级,必须以解决日常新闻制作、传播中的痛点为出发点,对具体需求细致分析,再进行技术的引入与应用。同时,要对新技术进行需求调研、试点测试、用户反馈等阶段的评估,确保技术能有效提升工作效率或提高传播质量后再进行引入。以试点测试阶段为例,对新技术的引入要进行内部模拟运行,评估其实际表现,再根据试点结果做出技术的调整或引入。

2. 以"生产智能化内容"为抓手,提升传播效能

全景演播厅可以与 VR/AR 技术结合,推动内容生产的智能化,不仅让观众能够"看见新闻",还能让他们"参与新闻",将传统的新闻传播方式提升到全新的互动式、沉浸式水平。在真实场景中叠加虚拟元素,使信息呈现得更加生动立体。例如,在播报关于中国空间站建设的新闻时,可以在演播厅中虚拟展示空间站的模型,观众能对空间站的各个部分进行更全面的了解。通过虚实结合,让信息呈现得更为直观,新闻内容具备更强的视觉冲击力。

3. 以"跨界融合"推动运营模式创新，探索可持续发展路径

全景演播厅的建设与运行不能仅仅依赖财政投入，应探索多元化的商业模式，实现可持续发展。可以拓展全景演播厅在文化、旅游、教育、科技展示等领域的应用场景。推动建立全媒体合作联盟，整合各类行业资源，形成内容、平台、技术、市场的联动效应，逐步减少财政依赖，形成良性循环。例如，媒体机构可与文旅部门合作，开发虚拟展览、历史重现等沉浸式体验项目，通过票务、授权等方式实现商业化拓展。打造"政府引导、市场参与"模式，鼓励社会资本和企业投资该领域，推动更多创新项目的落地，确保全景演播厅持续创新、良好发展。

全景演播厅的发展要以系统思维谋篇布局，以创新思维破局开路，做到"取势、明道、优术"。全景演播厅的建设，既要紧跟技术潮流，也要以务实可行的策略为主导，确保全景演播厅不断吸纳最新媒体技术成果，具备不断创新和自我迭代的能力。目前，三明市融媒体中心坚持"融为一体、合而为一"，按照全媒体直播要求来设计全景演播厅，广播、电视、报社、新媒体共同使用，实现一台六通，可以为各地融媒体中心提供可行性参考。

三、如何建设媒资库？如何利用媒资库的价值？

媒资库是一个集海量媒体内容存储、智能管理、快速检索与高效分发于一体的综合性平台。它通过对文字、图片、视频、音频等各类媒体资源进行标准化存储和管理，能够为媒体机构提供内容创作、编辑发布、历史档案保存等全流程支持。其核心在于将分散的资源整合

为一个可管理的平台，支持媒体日常的内容生产和传播。媒资库包含原始素材，经过编辑的版本、不同格式的文件及附带的元数据能够形成一套完整的媒体资源管理体系。通过这一系统，媒体机构可以更有效地利用现有资源，提升制作效率和内容质量。

在搭建媒资库时，需注重系统架构的灵活性和扩展性，以适应日益增长的媒体数据量。要采用高性能的存储解决方案，如 NAS（网络附属存储）或 SAN（存储区域网络），以确保快速的数据访问和高效的读写能力。还需设计合理的数据结构，支持多种文件格式的存储与检索，包括视频（如 MP4、AVI）、音频（如 WAV、MP3）及图像（如 JPEG、PNG）。此外，媒资库的元数据管理功能至关重要，元数据管理功能能够为每个媒体文件添加标签和描述，并对内容特征进行快速分析，实现快速检索和组织。搭建过程中的难点在于如何确保数据的一致性和安全性，同时管理不同权限用户的访问控制，以防止信息泄露和丢失。媒资库建设需要关注以下几点。

1. 内容安全与版权保护

在媒资库建设中，内容安全与版权保护是重中之重。要建立完善的内容审查机制，确保所有进入媒资库的内容符合党和国家的政策法规，防止任何不良信息的传播。同时，针对媒资库中的各类原创内容，必须通过数字版权管理系统对其版权进行有效保护，防止未经授权内容的使用或分发，确保内容的知识产权得到充分保障。

2. 可扩展性与持续升级能力

媒资库必须具备良好的可扩展性，能够随时应对内容量的增长和技术的进步。利用好云计算和分布式存储技术，让媒资库可以在不增加硬件负担的情况下快速扩容。要确保媒资库能够无缝接入最新技术标准，保证未来的内容生产和传播不会受到技术瓶颈的限制，保持媒资库的长期活力。

3. 数据分析与决策支持

媒资库不仅是内容存储平台，还是一个数据分析与决策支持平台。通过对媒资库中的数据进行深度挖掘，可以为新闻选题、政策传播提供精准的数据支持。例如，通过分析新闻报道的历史数据，媒体可以了解不同内容的受众偏好，进而制定更加精准的舆论引导策略。同时，媒资库的分析结果还能为领导决策提供一定程度上的依据，确保党的声音能够精准、及时、有效地传播到各个受众群体。

媒资库的功能主要包括内容的存储、检索、版本控制和共享。通过强大的搜索引擎，用户能够快速找到所需的媒体文件，支持基于关键词、日期、标签等多维度的搜索。版本控制功能则允许用户追踪文件的历史更改，确保在内容更新时能够随时返回到之前的版本，避免因误操作造成的损失。共享功能让团队成员之间能够高效协作，支持多人同时访问和编辑文件，促进创意的迸发与合作的实现。引入 API 接口，使媒资库能够与其他软件系统（如剪辑软件、播控系统）实现无缝对接，简化工作流程。

发挥媒资库的价值，关键在于建立一套高效的内容管理流程。其中，有效的数据分类和元数据标签化是提升媒资库利用率的重要手段。通过为每个媒体文件添加详尽的描述，包括内容类型、创作时间、使用场景和版权信息，用户能够快速检索和定位所需资源。举例来说，一段新闻视频不仅可以通过时间轴检索，还可以从视频中涉及的关键人物、场景、主题等多个维度进行快速定位。这类智能标注和分析系统可以大幅度提高内容检索的精准性，使得媒资库成为智能化内容推荐与决策支持的引擎。

引入自动化工具。例如，基于人工智能的智能标注系统，能够在文件上传时自动生成标签，大幅度提高工作效率，减少人为错误，使得媒资库成为一个真正智能化的资源中心。记者、编辑在上传文件时，系统自动进行格式转换、版权验证，并通过人工智能技术生成标签和内容摘要，高效整理、存储文件，可以节省大量人工操作，减少人为错误，提高内容管理的准确度和效率。

构建"数据生态网络"，在标准化接口和协议接入的基础上进一步拓展数据来源，不局限于传统的内容管理系统和公共数据集，而是与行业数据、消费数据、社交数据等各类数据打通，形成一个全行业、全领域、全媒体的立体数据网络。将不同维度的内容进行交叉关联，从中挖掘出深层次的联系。例如，将政策宣传的舆论反馈数据与地区经济数据结合后，可以帮助媒体更清晰地理解受众的情绪和反应，为下一步的宣传策略调整提供科学依据。

通过对数据进行时间序列分析，能够识别出舆论和内容表现的周期性变化和发展趋势。媒资库可以通过对用户在不同时间段的新闻偏好、观看习惯的分析，提前预判某一特定内容在未来的传播效果，从而有针对性地调整内容发布策略，确保宣传工作精准、及时、高效。

三明市融媒体中心在实践工作中，以 5G 技术提升网络直播、移动直播及高速高效传输新闻素材的能力。以 AI 技术提升媒资系统及智能审校系统的生产效率，以 8K 技术提升采编（拍摄端及专题编辑制作端）产品质量。对于媒体中心而言，通过高度智能化的跨维度数据融合，媒资库不仅能为媒体中心的新闻生产和内容管理提供基础支持，还能通过实时数据接入、智能分析、趋势预测，服务于党和国家的舆论引导和方针政策的制定，把党和人民的交流从"单声道""独角戏"转变为"多声部""交响乐"。媒资库的真正价值在于它可以通过精准的决策支持，确保宣传工作能够在全媒体时代保持科学性、前瞻性和引领性，为党的宣传思想工作提供坚实的保障，服务于社会治理体系和治理能力现代化建设。

近年来，三明市融媒体中心不断探索媒体资源的价值变现途径，致力于媒体资源化管理和媒体资产价值变现，取得了一定成效。如2022年5月，《革命老区重点城市对口合作工作方案》正式印发，明确三明市与上海市建立对口合作关系后，为了挖掘这段历史情缘，三明市融媒体中心发挥《三明日报》合订本的媒资作用，组成10多人的编辑小组，历时半年从跨越64年的《三明日报》合订本中查找有关三明、上海两地交流合作的新闻。从合订本中寻找到从1959年1月上海支援三明建设到2023年4月沪明合作再续前缘，再谱新篇的新闻400多篇。《〈三明日报〉里的上海记忆》把跨越64年三明和上海两地交流的新闻摘录下来，整理成册，这是沪明情谊的最好见证，是珍贵的历史档案，为几十年的报纸媒资重塑新价值。

四、如何应用前沿技术提升媒体内容生产能力？

2020年9月，中共中央办公厅、国务院办公厅印发的《关于加快推进媒体深度融合发展的意见》指出，"建立以内容建设为根本、先

第八章　技术赋能

进技术为支撑、创新管理为保障的全媒体传播体系"①。全媒体时代，信息化、数字化、智能化的进程全面加速。5G、人工智能、大数据、区块链、云计算等技术迅猛发展，深刻改变了社会运行模式，媒体传播的生态也发生了根本性变革。当前，信息传播速度更快、范围更广、影响力更强，社会舆论场变得愈加复杂，人人都有话筒，人人都是传播者。新兴媒体的迅速崛起使信息爆炸、碎片化传播成为常态。面对信息技术革命带来的冲击，媒体工作者必须紧扣时代脉搏，充分利用先进技术手段，做好转型升级大文章，做好新时代的宣传思想工作，构建起网上网下一体、内宣外宣联动的主流舆论新格局。把技术作为推动党的宣传思想工作的重要抓手，坚持以习近平新时代中国特色社会主义思想为指导，牢牢把握意识形态领域的主动权，通过技术手段不断强化党的声音、筑牢主流意识形态。

1. 人工智能赋能内容生产

统筹全局、抓住机遇，推动技术与媒体的深度融合，构建智能化、全媒体化的内容生产体系。2019年1月25日，习近平总书记在主持十九届中央政治局第十二次集体学习时指出，"从全球范围看，媒体智能化进入快速发展阶段。我们要增强紧迫感和使命感，推动关键核心技术自主创新不断实现突破，探索将人工智能运用在新闻采集、生产、分发、接收、反馈中，用主流价值导向驾驭'算法'，全面提高舆论引导能力"②。随着数字化转型加快，社交媒体加速兴起，用户对

---

① 中共中央办公厅 国务院办公厅印发《关于加快推进媒体深度融合发展的意见》[EB/OL].（2020-09-26）[2024-10-29］. https://www.gov.cn/xinwen/2020-09/26/content_5547310.htm.
② 习近平. 加快推动媒体融合发展　构建全媒体传播格局[J]. 求是, 2020(6).

内容的需求大幅增长，媒体机构不仅要生产专业化、深度化报道，还要跟上信息流的节奏，提供如快讯、短视频、互动帖子等内容。面对这种大规模、多层次的信息需求，可以充分利用 AI 实现自动化文本生成、智能化视频剪辑、快速分析和处理大规模数据，助力媒体机构提升产出效率、增强内容创意。

（1）提升内容生产效率，实现内容生产的供给侧改革

打破传统的新闻生产流程，采用 AI 驱动的"内容工厂"模式，将新闻的各个生产环节进行模块化处理。将新闻内容分解为数据模块、文本模块、音频模块、视觉模块等不同模块，通过不同模块的组合，实现内容的快速、多样化输出。例如，在报道政策时，AI 可以通过不同模块分别生成政策解读、统计数据图表、专家评论音频和政策影响的互动视频。这些模块可以灵活组合，生成不同版本的新闻内容，适应电视、社交媒体、网站等不同传播渠道的需求。

（2）引入生成对抗网络，打造优质内容的"聚宝盆"

目前 AI 在媒体内容生产中的应用还停留在自动化层面，通过引入生成对抗网络（GANs）技术，可以赋予 AI 更多的创意和自我生成能力。GANs 能在 AI 模型之间的"竞争"中生成具有创新性的内容，被视为实现人工通用智能的重要一步。在视频制作中，GANs 可以通过训练模型自动生成模拟现实的视频素材，将过去依赖人工设计的任务，如视频动画、特效设计等，转移到 AI 自主生成领域，大幅度提升媒体内容的创新性和多样性，同时降低高成本的制作需求，打造出融合精品、爆款产品。

（3）动态生成新闻内容，拓展 AI 价值空间

构建数据驱动的智能化新闻采编系统，优化内容分发机制，增强

用户精准触达能力。引入实时数据流处理技术，实时处理数据流中的每一条信息，生成持续更新、不断演化的多层次新闻内容。充分利用AI 技术，从多种数据源（社交媒体、官方数据、传感器网络等）获取实时信息，并根据这些信息动态生成新闻内容，在第一时间将事件的初步信息传递出去，并在事件发展过程中自动更新新闻的细节和背景。

2. 云计算革新媒体内容生产

智能化的发展，离不开强大的计算和数据处理能力。通过云计算的支撑，人工智能、大数据等技术才能在媒体行业中大展拳脚，赋能内容生产、增强用户体验。习近平总书记在中共中央政治局第十一次集体学习时强调，加快发展新质生产力，扎实推进高质量发展。[1]2024年政府工作报告提出，适度超前建设数字基础设施，加快形成全国一体化算力体系。[2] 云计算能推动内容的生产、分发与反馈过程，形成闭环。传统内容生产流程易产生信息孤岛、资源分散、协作不畅等问题，云计算通过其强大的分布式架构和智能处理能力，能够有效打破这些障碍，建立一个智能化、协作性强的生产流程，让新闻生产的每一个环节都得以优化。

（1）微服务架构：将内容生产流程模块化

云计算的微服务架构能够提供一种全新的内容生产模式。媒体可以将素材收集、编辑、审核、发布等内容生产环节模块化，并通过云

---

[1] 习近平在中共中央政治局第十一次集体学习时强调：加快发展新质生产力 扎实推进高质量发展［EB/OL］.（2024-02-01）［2024-11-06］. https://www.gov.cn/yaowen/liebiao/202402/content_6929446.htm.
[2] 政府工作报告：2024 年 3 月 5 日在第十四届全国人民代表大会第二次会议上［EB/OL］.（2024-03-12）［2024-11-06］. https://www.gov.cn/gongbao/2024/issue_11246/202403/content_6941846.html.

平台进行高效管理和整合。记者和编辑即使在不同部门、不同地区，也可以实现并行工作。当记者将新闻素材上传到云端后，后台的编辑和审核团队可以立即开始处理素材，不再需要等待整个文件的物理传输。

（2）实时渲染：实现超高清内容生产

传统的渲染需要媒体的本地硬件设备进行支撑，而通过云计算，媒体机构可以将渲染任务分散到多个云服务器上，进行分布式处理。云渲染通过调用全球范围内的计算资源，将超高清内容的渲染任务分配到多个节点上，可以实现大规模、并行处理。在制作 8K 视频、VR 场景渲染等有特定高要求的新闻内容时，传统的单机处理模式往往需要较长的时间，而云计算可以通过分布式处理大幅缩短渲染时间。

（3）迭代优化：支持动态内容生成

以往的新闻生产是线性的和静态的，报道发布后，内容本身很少更新。云计算平台可以基于大数据的反馈支持内容的动态更新与迭代。当某个话题引发关注时，云计算便可以根据实时数据补充新的解读和背景资料，使新闻报道能够及时回应公众的关切，提升媒体机构的舆论引导力。

应用前沿技术，是推动媒体行业高质量发展的战略举措。媒体行业要紧抓前沿技术带来的历史机遇，推动传统媒体与新兴媒体的深度融合，利用前沿技术赋能媒体生产传播工作机制，构建全媒体传播矩阵，形成深度融合时代的传播格局。通过技术整合、平台联动打破信息孤岛，实现媒体资源共享、内容创新，做到"立时代之潮头，发思想之先声"，从而形成更强大的舆论引导力，开创新时代宣传思想文化工作新局面。

第九章　经营创新

2016年7月印发的《关于进一步加快广播电视媒体与新兴媒体融合发展的意见》指出，要加快融合型经营体系建设，对媒体的经营创新做出总体性规划，从经营目标、付费服务、广告经营、版权内容价值、社交网络等角度指出具体奋斗方向。融媒体时代，地市级媒体应在顶层设计的引领下、在市场竞争的导向下、在民众精神文明的需求下不断提高经营创新能力。首先，要针对媒体实际情况制订可操作的创收经营发展规划；其次，要从媒体经营创收的各种方式出发，如内容变现、广告经营、项目经营、品牌建设等，分别进行系统性的提质增效；最后，要强化媒体的经营创收管理，既要平衡好经济效益和社会效益，实现规范化管理，又要建立创收项目的内部协作机制，充分发挥有限资源的价值，提升整体作战能力。

一、如何制订融媒体时代的创收经营发展规划？

融媒体时代，中央级、省级媒体依托高效的内容生产能力、卓越的资源获取能力、强大的品牌影响力、雄厚的技术投入等优势，实现经营工作的高质量发展。中央广播电视总台党组书记、台长兼总编辑慎海雄表示，2023年中央广播电视总台围绕重大赛事、重点项目深化增量营销，亚运会广告营销、版权经营收入等均创历史新高。湖南省广播电视台旗下的芒果超媒股份有限公司以"芒果TV"APP为核心，以全产业链控制和生态协同为抓手，整合关键要素资源，打通上下游，建立一网联结、多点联动的生态矩阵，2023年实现营业收入146.28亿元。[①]作为打通基层社会治理、宣传思想文化"最后一公里"的县级融媒体中心，大部分为事业单位，尤其是公益类事业单位，财政资金成为维持其运作的重要部分。而作为连接中央与基层的"腰部"媒体——地市级媒体，近年来在经营发展方面面临的生存压力巨大。一方面，在互联网平台发展成熟、自媒体强势涌入的背景下，地市级媒体面临更加激烈的市场竞争，用户注意力被分流，广告收入也有所削减，而大量地市级媒体仍以广告收入作为主要经济来源，缺乏多元化的盈利模式。另一方面，资金缺乏、技术投入不足、人才短缺等因素相互作用，地市级媒体在内容生产与分发方面缺乏创新，难以满足用户多样化、个性化的需求，经营创收的根基较为薄弱。在这个背景下，制订地市级媒体的创收经营发展规划尤为必要。

其一，地市级媒体制订创收经营发展规划时要紧跟政策前沿，找准经营发展方向。2022年4月，中宣部、财政部、国家广电总局联合下发《关于推进地市级媒体加快深度融合发展实施方案的通知》，指出要推进地市级媒体机构整合和媒体融合发展。地市级媒体制订创收经营发展规划时首先要整合媒体资源，实现高效发展。据不完全统

---

① 喜报！芒果超媒第五次荣膺"全国文化企业30强"[EB/OL].（2024-05-23）[2024-11-06］. https://mp.weixin.qq.com/s/buCQFS6U59MGUN5VXcsVJg.

第九章　经营创新

计，截至2024年7月，全国近半数地级市融媒体中心已经挂牌，宁夏、江西、内蒙古、广西等省区已实现市级融媒体中心全覆盖。[①]一方面，可以将地市级广播电视台与党报全面融合，实现精简精办。譬如，萍乡市新闻传媒中心（传媒集团）融合萍乡日报社、萍乡广播电视台，采用"媒体平台＋公司"的运营方式，2023年度经营收入达4928万元，比改革之初的2020年增长130%；抚州市融媒体中心（文化传媒集团）融合抚州日报社、抚州市广播电视台，采用"中心＋集团"的一体化运营模式，2023年营收5057万元。[②]另一方面，可以将地市级广播电视台与党报进行部分融合，实现优势互补、共同发展。譬如，南昌市融媒体中心依托南昌日报社组建，重点对南昌日报社、南昌广播电视台的采访、编辑两大板块进行了机构整合和流程优化。

其二，地市级媒体制订创收经营发展规划时要结合当下产业发展热点，紧跟经营发展风口。在数字技术加速更迭、政府政策大力扶持、企业转型升级的背景下，数字产业集群得以兴起，涉及农林牧渔业、制造业、服务业、交通运输业等国民经济三大产业的绝大部分行业。地市级媒体既要进行自身的数字化升级，依托商业化平台、自有平台探索数字经营，也要积极拓展产业边界，发展"媒体＋""广电＋"模式，实现数字产业的全面融入。譬如，广州广播电视台旗下的"花城＋"客户端打造基于共享经济模式的学习平台，推出"广州共享课堂"、《一

[①]【动向】融媒改革再提速！全国近半数地级市融媒体中心已挂牌［EB/OL］.（2024-07-12）［2024-11-06］. https://mp.weixin.qq.com/s/OYcvsmWShWaIpSkktrCssw.

[②] 地市级媒体经营难！江西凭啥交出多份优秀答卷？［EB/OL］.（2024-08-19）［2024-11-06］. https://mp.weixin.qq.com/s/1VFzfWWsnT-lmp-Y3f_ouw.

门"新"思》、"百物述百年"、《数字元渔舟》、"广州老年学堂"、"云团校"、"云队校"思政课等板块，录制上万节4K超高清精品课程，推进教育数字化转型，累计营收6500万元。①2023年，苏州广电传媒集团（总台）旗下的苏州数广科技有限公司向融媒技术、文化数字化、政务民生等方向综合发展，实现再造，在文化数字化板块基本形成苏州市数字文化整体框架。通过改革重组，苏州数广科技有限公司，2024年上半年经营收入同比增长18%②。

其三，地市级媒体制订创收经营发展规划时要总结自身过往发展经验，结合本地实际进行差异化发展。地市级媒体的经营发展状况不仅受自身实力，如产业资源、人才资源、内容质量等因素的影响，还受当地经济发展状况的影响。经济发展水平较高城市的媒体在一定程度上拥有更为丰富的产业资源、更为可观的发展前景。位于东部发达城市的杭州日报报业集团2023年的营业收入为18.64亿元③，宁波日报报业集团2023年的营业收入为14.61亿元④。但同位于东部城市的青岛日报报业集团2023年的营业收入仅为275.62万元⑤，

---

① 【案例】广州台：打造"广电+教育"生态圈 创新营收破亿元［EB/OL］.（2024-09-20）［2024-11-06］. https://mp.weixin.qq.com/s/aq76SJclC500v4xhzxol4w.

② 【高质量发展大家谈】苏州台：以改革创新推动城市台高质量发展［EB/OL］.（2024-08-27）［2024-11-06］. https://mp.weixin.qq.com/s/nIZfSEerYqnLtviqIfKNVA.

③ 杭州日报报业集团有限公司［EB/OL］.［2024-11-06］. https://www.qcc.com/firm/b5afbc48495091891970797dbc1a11ff.html.

④ 宁波日报报业集团 集团简介［EB/OL］.［2024-11-06］. http://nbjt.cnnb.com.cn/jtjj.shtml.

⑤ 青岛日报报业集团发行有限责任公司2023年度报告［EB/OL］.［2024-11-06］. https://www.qcc.com/webReportYearDetail/418538d7197cb4e42ec39e5ee406284b_2023.html.

与杭州日报报业集团、宁波日报报业集团存在一定的差距。东北某地级市的日报社、广播电视台的经营状况更难与前述三个报业集团相比较，面临较大的经营困境。在这一层面上，地市级媒体若要制订合理的、适度的创收经营发展规划，则不宜好高骛远，同时，可将获得财政资金扶持纳入考量。譬如，位于西部地区的广安市融媒体中心获得中央财政补助资金、省财政补助资金和市财政专项资金，合计共 3920 万元。①

其四，地市级媒体要从发展目标、发展模式、经营业务类型等方面出发，制订具体的、可操作的创收经营发展规划。譬如，三明市融媒体中心坚持"事业＋产业"双轮驱动，通过下达部室年度创收目标任务，实施广告代理、承包，组建市新融媒体有限公司，成立市融媒体艺术培训中心，开展融媒广告、展示展销、活动承办、艺术培训等多元经营业务，致力于形成新闻创造价值、价值支撑产业、产业反哺新闻的良性闭环。荆州市融媒体中心坚持事企分离、双轮驱动、要素优先、发展共享的发展路线，实施"个十百千"工程——"个"：打造一个现代传媒集团；"十"：做强做优四大媒体平台和视听产业园区、广告产业园区、901 汽车主题公园区、华中电商直播产业园区四个产业园区和两个基地；"百"：打造 5 个百万粉丝新媒体账号；"千"：培育品牌经营、影视演艺、三农电商、人力资源、技术服务、报刊发行、新媒体营销、大健康、数字文旅、教育产业等 10 个过千万元产值的传媒产业。

---

① 融合赋能破浪行：写在广安市融媒体中心揭牌之际［EB/OL］.（2024-07-25）［2024-11-06］. https://mp.weixin.qq.com/s/s4wsmCXZol1oCyUOx15erQ.

二、媒体单位创收经营的主要方式有哪些？

计划经济时代，政府部门既"管文化"也"办文化"，新闻媒体在日常运行中的资源消耗由国家补贴，各级政府根据每年的财政预算规定新闻媒体的人员编制和各类支出。改革开放以来，我国媒体"事业单位、企业化管理"的双重属性逐步确认。自1979年起，以《天津日报》、上海广播电视台等为代表的一批媒体先后恢复和开启了商业广告的播出，此后广告逐渐发展成为我国各种媒体的支柱性收入来源。[①]20世纪80年代中后期，媒体逐渐开启"一业为主、多种经营"的历程，广播电视开始从广告经营向节目经营等方向延伸。进入21世纪，互联网的发展逐渐吸引各类媒体经营创收模式升级，在融合经营、拓展经营方向走深、走远。融媒体时代，媒体单位创收经营的方式主要有如下几种类型。

其一，内容变现。内容生产是媒体单位安身立命的根本，也是传统媒体营收的基础途径之一，报纸、期刊等传统媒体通过用户订阅实现内容变现。融媒体时代，新闻媒体内容变现的途径、方式逐渐增多。对于地市级广电媒体而言，可以将制作或购买版权的节目通过长视频平台、短视频平台、社交媒体进行分发，对于高质量、独家内容可以实行会员制、付费制、超前点播，或将自有版权内容进行销售以实现盈利。长沙市广播电视台（集团）深耕内容制作，旗下的中广天择传媒股份有限公司近年来推出了《守护解放西》系列、《你好，儿

---

① 王薇，刘珊.中国媒体经营四十年（1979~2019）[M].北京：社会科学文献出版社，2019.

科医生》等广受好评的节目，并参与《歌手2024》的制作，2023年实现营收2.32亿元。其中，节目销售及制作服务、电视剧播映权运营、数字版权保护及服务、影视剧投资的营业收入分别为9112.51万元、4258.01万元、1240.80万元、1126.13万元。[1]对于地市级报社而言，可以通过内容付费墙、特色知识付费产品、图书出版发行等模式实现经营创收。可借鉴先进省级报社的经验，2018年4月，南方周末报社推出"内容付费工程"，确立了"以内容付费工程统揽融合转型工作全局"的战略思路，截至2023年，"内容付费工程"已为其带来直接收入4400万元。[2]

其二，广告经营。二次售卖理论指出，媒体单位可先将媒介产品，如报纸、电视节目等卖给终端消费者，再将消费者的时间、注意力卖给广告商或广告主。广告作为传统媒体收入的支柱性来源，近年来呈现不断收缩并向新媒体转型的趋势。《2023年全国广播电视行业统计公报》显示，2023年全国广播广告收入67.31亿元，同比下降8.70%；电视广告收入516.35亿元，同比下降6.67%；广播电视和网络视听机构通过互联网取得的新媒体广告收入2698.34亿元，同比增长12.09%。[3]融媒体时代，地市级媒体可以通过"硬广"，如在电视、广播、报纸、杂志上出租广告位，直接进行广告信息的展示，或在互

---

[1] 中广天择：2023年年度报告［EB/OL］.（2024-04-10）［2024-11-06］. https://vip.stock.finance.sina.com.cn/corp/view/vCB_AllBulletinDetail.php?stockid=603721&id=9952780.

[2] 付费用户32万 直接收入4400万《南方周末》"内容付费工程"交出5年成绩单［EB/OL］.（2023-05-23）［2024-11-06］. https://mp.weixin.qq.com/s/ioF3_M3ZD-xquPsMaVuTTg.

[3] 2023年全国广播电视行业统计公报［EB/OL］.（2024-05-08）［2024-11-06］. https://www.nrta.gov.cn/art/2024/5/8/art_113_67383.html.

联网平台上通过横幅广告、弹窗广告、贴片广告的形式实现营收；通过"软广"，将广告信息以原生内容的形式插入用户的信息流中实现营收。其中，依托主流媒体的官方背书、职员的专业素养、区域的产品资源，地市级媒体可以打造集主播、产业链、企业品牌、物流管理、大数据运营、孵化培训等于一体的电商带货生态圈。譬如，常州广播电视台（集团）旗下的广视云通（江苏）传媒有限公司投资研发，具有完全自主知识产权的"城市广电联盟商品互联系统V1.0"，真正实现打通抖音、快手等主流平台电商系统后台，在前端串联百余个城市的供应链，在后端组建百余个城市的广播电视台流量池，打造全新概念的"驾驶舱"接口，实现"人－货－场"交叉赋能模式。

其三，项目经营。融媒体时代，面对第三产业强劲的发展势头，地级市积极主动融合当地媒体经营资源，组建传媒公司，参与政企项目投标，并凭借技术、内容优势承接第一产业、第二产业的平台建设、运营项目。譬如，珠海传媒集团承接市区两级多个创新型智慧城市项目，如以国家地理保护标志产品——斗门海鲈——为切入点的斗门海鲈产业数字化项目，运用物联网、5G、大数据、人工智能及云计算等前沿科技，实现从鱼苗养殖到出塘销售的全流程数字化管理。在传统媒体时代，地市级媒体通过承办、主办活动或安排职员参与活动的主持、拍摄、宣传等形式实现营收。融媒体时代，地市级媒体进一步打通线上线下渠道，深化活动经营，融入会展经济的新潮流。譬如，三明市融媒体中心线下线上同时发力，策划承办全国生态日活动、美食文化节、栲花节等商业活动，发挥专长，承接直播带岗网络招聘会、系列助农直播等。绍兴市新闻传媒中心（传媒集团）2019年筹建浙江越牛会展有限公司，积极参与市内外重大活动的策展服务，

2023年通过服务亚运会及棒垒球联赛等多项全国赛事,成功涉足国内新兴的体育展示领域,累计营收超3亿元。[1]

其四,品牌建设。融媒体时代,地市级媒体不仅是产品、项目的推广者,还是产品、项目的建设者、开发者,打造自有品牌、联名品牌。地市级媒体可以充分挖掘本地优秀传统文化资源、社会主义先进文化资源,依托专业人才优势打造文创产品。譬如,佛山市新闻传媒中心(佛山市珠江传媒知政文化有限公司)与本土青创团体合作打造了一支"知政文化×城事新造"创意团队,推出了一批融入新潮设计的以龙狮文化为代表的非遗文创周边产品,实现了地方文创品牌的开发。此外,温州市新闻传媒中心打破传统思维,进军餐饮业,建设"电台酒业"项目,依托贵州茅台镇的区域品牌实力和汎台酒业的品质保障、"电台+"思维,开展相亲项目、音乐节项目合作,形成有文化、有情怀的电台白酒,以差异化、定制化路线吸引年轻消费者。

三、如何建立创收项目的内部协作机制,提升整体作战能力?

在传媒行业的竞争中,在用户层面,地市级媒体自有客户端的用户规模、活跃度、留存率等指标难以与微博、抖音、小红书、哔哩哔哩等社交媒体平台抗衡;在技术层面,地市级媒体难以与世纪睿科、索贝数码等专业化的技术提供商抗衡;在内容层面,UGC、PGC、AIGC占据大量市场份额。同时,在顶层设计对媒体单位自我造血能

---

[1] 魏建东.借融合改革之势推动地方传媒产业良性发展:以绍兴市新闻传媒中心(传媒集团)为例[J].新闻战线,2024(7):65-67.

力提升的指向下，地市级媒体不仅要拓展外部创收项目资源，与机关单位、企业等开展广泛合作，还要建立高效的内部协作机制，充分发挥有限资源的价值，增强市场竞争能力。具体而言，地市级媒体可以通过如下方式来建立创收项目的内部协作机制，提升整体作战能力。

一是优化团队规模。团队规模是团队内部管理、协作成效的重要因素，过大或过小的规模都可能会阻碍团队的有效运作。当团队规模过大时，需要协调的任务和资源增多，成员之间的直接沟通变得困难，信息传递可能变得缓慢甚至失真，同时个体的归属感、责任感可能减弱，团队共识难以达成。当团队规模过小时，可能因资源有限而难以完成复杂的任务，可能因缺少多样化的技能、思维而难以产生新的想法和解决方案。此外，由于成员数量少，每个成员可能需要承担更多的工作任务和责任。譬如，三明市融媒体中心在首批培育成立芳华融媒工作室、清语融媒工作室、如画融媒工作室、明声融媒工作室、知明融媒工作室等 5 个融媒工作室时，将人员规模控制在 5 人及以内。

二是明确项目目标与策略。要想提高创收项目的数量、质量，地市级媒体首先要明确具体的、不同层级的项目目标并选定合适的、便于操作的项目运营策略。可设置一级指标：成本指标、产出指标、效益指标、满意度指标等；二级指标：经济成本、数量指标、质量指标、时效指标、社会效益指标、服务对象满意度指标等；细分的三级指标，如某一广告服务在广播、电视、新媒体平台上分别展示的时长及用户的点击次数等。譬如，三明市融媒体中心各融媒工作室以创新创优为努力方向，努力把工作室打造成培养全媒体人才的重要基地、提升中心融媒影响力的重要平台。首批工作室每年争取有 3 件作品获得福建新闻奖或其他省级新闻奖项，有 1 件作品获得中国新闻奖或其他国家级新闻奖项。每年争取制作并推广 10 件以上原创融媒爆款产品（在微信或自主客户端达 10 万 + 的浏览量或在央媒平台客户端达 150 万 + 的浏览量）。在项目运营策略方面，可对用户心理进行细致分析，如在短视频制作中抓住开头的"黄金三秒"，吸引用户观看完整视频。

三是明确项目分工与责任。费孝通在《乡土中国》中指出，传统中国社会在公与私、群己与人我界限划分的问题上有着"各人自扫门前雪，莫管他人瓦上霜"的倾向。在现代化的办公中，要想避免权责不清、责任推脱等情况的出现，就要进行科学的、明确的项目分工，将责任落实到个人。地市级媒体在进行项目分工时，要充分考虑职员的专业能力与兴趣特长，给予职员扬长避短的机会，实现人才资源的充分开发，并注重挖掘具有管理才能的职员，负责团队的统筹与整合；在落实职员责任时，要签订规范的责任书，明确职责范围、工作目标、完成时限及奖惩措施，增强职员的责任感和使命感。此外，要做好项目的定期评估，及时进行项目分工的优化、职员的奖励或追责。

四是建立高效的沟通机制。团队沟通的缺乏是导致团队发展受阻的重要因素之一。地市级媒体要想建立创收项目的内部协作机制，就要为团队沟通创设便捷的途径和机制，减少以往传递信息层层递进烦琐状况的出现，通过自有平台或商业化办公平台钉钉、企业微信等实现工作信息的直接触达，确保信息流通的及时性和准确性。同时，还要组织定期的周例会、月度总结会等，及时分享项目进展、遇到的问题并讨论对应的解决方案，促进团队成员之间的信息共享和协作。此外，还要确保项目的风险、预算等必要信息对成员的公开透明，减少信息不对称带来的误解和冲突。在条件允许的情况下，可定期开展团队建设活动，强化团队成员之间的感情，形成共同进退的团队精神，构建协同作战的合力。

五是建立合理的奖惩机制。当前部分地市级党报由于单位属性的限制而无法发放绩效，职员工资固定，并不会因为项目贡献大小而有所波动，以致部分职员存在思想懈怠的情况。为建立高效的内部协作机制，地市级媒体一方面要寻求多样化的激励途径，如设定考核目标，给予职员岗位晋升的可能；设置专门的奖项，对项目贡献较大的成员进行表彰。另一方面，针对项目落实不到位、项目效果不达标等情况，也要对具体的责任人进行追责。同时，要建立适当的容错机制，允许团队成员在创新过程中犯错并从中学习成长。譬如，三明市融媒体中心对挂牌成立的融媒工作室，根据年度考评情况，以奖代补给予一定项目扶持资金，并在评先评优、绩效考核、职称评聘、新闻奖推荐中，根据实绩对工作室领衔人和成员给予不同程度的倾斜。在薪酬激励上，工作室产生的收益优先用于再生产投入和人员奖励。对没有作品成果、业绩差的工作室要及时除名，对作品成果大、业绩好的工作室要给予奖励，开展金牌或星级工作室命名工作，并采取一年一审批的方式，发展新的工作室。

六是开展定期的培训与学习。"科技是第一生产力、人才是第一资源、创新是第一动力。"地市级媒体为建立创收项目的内部协作机制，提升整体作战能力，要督促职员树立终身学习的理念，在数字化持续深入的背景下，通过组织内部培训、内部技能分享、邀请外部专家开展讲座等形式提高职员的新兴技术运用能力、创新创造能力。此外，也可组织项目负责人外出学习，对于经营实力强劲的媒体进行实地调研，深入了解其项目运作模式、项目发展理念。

四、如何提升地市级媒体品牌价值？

在市场竞争的良性演变下，企业的品牌管理逐渐从符号标识物向品牌个性、品牌关系、品牌信任、品牌社群等细致化属性拓展，以期提高品牌价值，稳固市场竞争力。对于地市级媒体而言，不管是附属企业还是主体的事业单位，打造具有特色的品牌栏目和内容，提供优质的品牌产品和服务，提升品牌价值，都有助于扩大媒体传播力、影响力、引导力，收获更为广泛的受众，既能有效传递信息、引导舆论，也能提高其经济效益。具体而言，地市级媒体可以通过如下方式来提升其品牌价值。

其一，明确品牌定位。与中央级、省级媒体相比，地市级媒体存在一定的区域优势，与市民的亲近性、贴近性较强。因此，地市级媒体在明确其品牌定位时，首先要进行深入的市场调研，分析当前区域媒体的发展状况，了解竞争对于的品牌定位、内容策略及市场表现，找准市场切入点，充分发挥自身优势，在建设好本地市场的基础上进一步向全国其他城市甚至海外市场发展。另外，要了解本地市民的需求和兴趣爱好，进行细致的目标群体划分，从而确定自身的内容特色和差异化传播路径。譬如，长沙广电的"我的长沙"定位民生领域，围绕民众关注的衣食住行、生老病死等问题，推出"我要找记者""我要找工作""我要找律师"等系列品牌，为老百姓解决身边事，有效汇聚用户、服务用户。[1]

其二，深耕品牌内容。地市级媒体提升品牌价值的关键在于以优质的内容打动人心，一方面，可以充分挖掘本地历史、文化资源，展现地方风貌和人文关怀。譬如，南宁市融媒体中心特别策划并推出"跟着非遗游南宁"系列报道，展示横县茉莉花茶制作技艺，以优质农产品品牌赋能媒体品牌建设；位于"中国运河第一城"的扬州市广播电视台借力"运河大IP"推出《听见运河》《运河扬家匠》《运河书房》《走大运 说河道》等作品，夯实品牌内容。另一方面，地市级媒体要紧跟受众需求，打造新潮的媒体品牌。近年来，演出经济爆火，各类演出逐渐从小众文化走向大众市场，仪式化观演行为逐渐发展为民众休闲娱乐消费的"软刚需"。在这一背景下，南京广播电视集团以国际化、专业化、经典化的初心打造"南京森林音乐会"品牌。以2023年南京森林音乐会为例，近400名中外艺术家参与其中，超万名观众亲临现场聆听，在线观看直播量超过2500万人次，社交媒体上相关话题的播放量突破1亿人次，实现了品牌的有效传播。[2]

其三，优化品牌策略。地市级媒体要想提升品牌价值，不仅要优化品牌内容，还要依托精准的、高效的品牌策略打出"组合拳"。譬如，苏州广电通过"品牌创建—品牌保护—品牌内容垂类深化—品牌内容商业授权—品牌内容市场运营"的链式管理模式打造"面若桃花"品牌，出品原创微短剧《面若桃花》，开创了以线上微短剧品牌牵引、线下实体店场景塑造的"微短剧+文旅"新模式。南京广播电

---

[1] 彭勇.文化立魂、科技赋能，加快培育媒体新质生产力[J].新闻战线，2024（7）：54-57.

[2] 陈洁.从10年南京森林音乐会看如何打造城市文化IP[EB/OL].（2024-08-28）[2024-11-06].https://mp.weixin.qq.com/s/KJtQXZ6RauZ5HxzpJ9XTyA.

视集团从组织架构出发为项目品牌推进保驾护航，2020年成立Live南京城市直播平台，该平台由跨部门运营团队共建，建设成果由各部门共享，特别是产品中心、商务运营中心拥有丰富的业务资源，能让经营开发呈现明显的增长态势。

其四，细分品牌类型。为满足用户分众化、个性化的需求，提高品牌策略的适用性，拓展媒体产业边界，地市级媒体要进行品牌类型的细分。譬如，2022年，国家广播电视总局在举办"新时代·新品牌·新影响"广电媒体融合新品牌征集推选活动时，将品牌分为新闻品牌、平台品牌、产品品牌。其中，入选新闻品牌的有绍兴市新闻传媒中心的"越牛新闻"、苏州广播电视总台的"暖视频"等；入选平台品牌的有无锡广播电视集团的"无锡博报"、长沙市广播电视集团的"我的长沙"等；入选产品品牌的有武汉广播电视台的"映像武汉"、苏州广播电视总台的"长忆是江南"等。

其五，优化用户反馈机制。市场的鲜明特点是变动，地市级媒体要想提升品牌价值，就要持续关注市场变化，既要在供给端关注竞争对手的动向，也要在需求端密切关注用户兴趣点的转向，通过打造品牌社群等途径耐心倾听用户建议，构建和谐的媒体品牌－用户关系，及时进行品牌内容优化、品牌策略调整。同时，可以通过品牌社会效益的提高，在用户层面提升品牌美誉度。譬如，佛山传媒集团牵头打造"行通济——元宵慈善文化人人行"公益文化品牌，创造性地在具有本土特色的传统民俗文化中注入现代公益理念，开创了公益与政府、民间组织、爱心企业、市民服务联结的新方式，受到广大市民的喜爱。[①] 杭州日报

[①] 宋卫东，韦文毅.创新实践公益慈善，引领城市文明新跨越[J].新闻战线，2024（5）：23-25.

社自2018年起，运营绿马甲文明公益行动，打造"生态文明+自然科普"模式，致敬并创新"两山"理念、生态保护、可持续发展理念，实现"媒体的公益品牌""公益的媒体品牌"的有效传播。

五、如何发挥融媒优势承办特色活动？

其一，全程策划与执行。融媒体时代，地市级媒体改变以往经营的末端宣传模式，在承办特色活动时打通策划、制作、执行、运营的全链路，实现全案营销。在策划阶段，地市级媒体可以依托商业化平台或自有平台向用户征集活动建议，基于已有的数据找准用户兴趣偏好，融合智能技术和记者、编辑的新闻敏感性探索具有潜力的特色活动。在制作阶段，地市级媒体可以有效融合线上线下途径，融合优质内容与先进技术。在执行阶段，地市级媒体可以通过专班、工作室承接特色活动，实现活动的专业化、垂直化运作。譬如，合肥日报传媒集团旗下的"图个明白"工作室以报纸美术编辑为班底，加入采编力量，不断推出优质作品，口碑知名度持续提升，定制个性化宣传产品的订单稳步增加。在特色活动结束后，地市级媒体还可以进行活动的常态化运营，稳固活动受众，为活动留有发展系列活动的空间。

其二，全息传播与展示。融媒体时代，地市级媒体在承办特色活动时可以充分利用大数据、云计算、物联网等先进技术，提升内容生产和传播的效率与质量；通过全息投影、增强现实、虚拟现实等技术，创造全新的视觉体验，提高活动内容的生动性和吸引力；在设计互动环节，如通过触摸屏、语音识别、手势控制等方式实现参与者与全息图像的互动，提高参与者的沉浸感、体验感；注重线上线下的融通，通过线上展览、云直播等形式，让观众即使不亲临现场也能参与其中，扩大活动的受众面。譬如，芜湖市传媒中心在"大江看看"客户端建成"网上新时代文明实践中心"，利用区块链技术实现志愿活动全盘网上统筹管理。南京广电集团成立的Live南京城市直播平台，实现手机小屏、电视中屏、户外大屏全维传播，将传统电视频道与新媒体平台相融合，实现活动直播常态化，打造城市形象，推广动态新名片。

其三，全员参与与协作。地市级媒体在承办特色活动时，一方面，可以打通内部组织架构，构建跨部门的协作机制，实现人员的高效流通、人力资源的充分发挥。另一方面，地市级媒体可以积极与地方政府沟通，争取获得政策、资金、资源等方面的支持，为特色活动的举办提供有力保障；与主流媒体、商业媒体建立合作关系，扩大活动的传播范围和影响力；通过提供宣传机会、广告展示等方式，吸引企业参与特色活动的赞助；通过线上线下的互动方式强化用户的参与感，建立特色活动的用户社群，保持与用户的紧密联系，提升用户的忠诚度。譬如，2024年克拉玛依市融媒体中心与新华社"现场云"、百度新闻、爱奇艺、哔哩哔哩、腾讯体育、企鹅体育、斗鱼直播、虎牙直播等多类型媒体平台协作，共计在20个播出平台、27个账号上进行"2024克拉玛依马拉松赛"直播，构建全方位、多角度的赛事传播网络，实现线下10 005名参赛者加入"克马"，线上256.9万次观看。[①]成都市广播电视台在原创品牌活动策划上牵手重庆广电打造少儿春

[①] 大阵仗！克拉玛依融媒体中心用"全媒体矩阵＋科技"助力"克马"〔EB/OL〕.（2024-09-21）〔2024-11-06〕. https://mp.weixin.qq.com/s/drUPJECSOkX_9Pm8d_xdJg.

晚，携手深圳卫视共创两地春晚，融合的脚步从成渝地区双城经济圈延伸到粤港澳大湾区经济圈。

其四，全效评估与提升。地市级媒体在承办特色活动时，要注重活动效果的评估与提升，以确保活动的成效最大化并为未来的活动提供宝贵经验和改进方向。首先，要设计一套涵盖品牌曝光度、用户参与度、社会影响力、经济效益等多个维度的评估指标体系。在评估过程中，既要注重量化数据的收集和分析，如活动页面的访问量、互动次数、媒体报道数量等，也要关注质化信息的反馈，如用户满意度调查、专家评审意见等。在活动过程中及时收集各方面的反馈意见，包括用户反馈、合作伙伴反馈、内部员工反馈等，根据反馈意见和数据分析结果对活动策略进行动态调整。在活动结束后，组织内部或行业内的案例分享与交流活动，通过相互学习和借鉴不断提升活动策划和执行能力。譬如，哈尔滨广播电视台已累计举办"相亲文化节"十四届，通过总结历次活动的经验和教训，在实战中提升大型活动策划执行质效，形成了部门合作、新传融合、线上线下连通的机制，实现了活动效应最大化。此外，作为主流媒体，地市级党报、广播电视台等媒体机构能够结合社会热点和公益事业，举办具有社会意义和价值的活动，树立了良好的社会形象。在这一层面上，地市级媒体承办特色活动能够实现活动经济效益与社会效益的双赢。

六、如何培育和发展文创产业？

其一，找准产业受众、确定产品类型。地市级媒体在培育和发展文创产业时，首先应对文创产业进行全方位的探查，了解行业的规模、发展趋向、竞争态势等，为找准受众提供基础数据支持。解析同类文创产品的受众特点，搜集潜在用户的基础信息，如年龄、性别、地域、职业、兴趣爱好等，构建目标受众画像。基于上述分析，对目标受众进行细分，确定最具价值且最易触达的细分受众群体，将其作为重点运营的对象，同时确定文创产品类型，如服装类、饰品类、文具类等。譬如，上饶市传媒集团另辟蹊径，推出食品类文创，与"渣渣灰"米粉品牌合作，精选优质大米，经过多道工序精心制作成细腻爽滑的米粉，再搭配独特的酱料和新鲜的配菜，推出上饶炒米粉。

其二，做优文创产品。地市级媒体应挖掘当地的地域文化内涵，如历史遗迹、民俗风情、传统工艺等，将其作为文创产品的设计灵感来源。同时，注重文创产品的实用性和美观性，满足消费者的多样化需求。在文创产品的生产过程中，严格把控产品质量，确保每一件产品都能达到高标准、高品质的要求。譬如，三明市作为原中央苏区核心区、国家森林城市、闽人之源，拥有丰富多样的历史文化和自然资源。三明市融媒体中心将深入挖掘这些独特的文化元素，如革命老区的历史遗迹、青山绿水的自然风光、丹霞地貌的世界遗产、客家祖地的深厚底蕴、朱子文化的博大精深等，将它们巧妙地融入文创产品，以增强产品的独特性和辨识度，让每一件产品都成为三明城市文化的生动展现。

其三，多渠道、多形式营销。地市级媒体可以利用微信公众号、微博账号、短视频平台等新媒体渠道，搭建文创产品的传播矩阵。与其他品牌或机构进行联合营销和合作，提高文创产品的曝光度和知名度。举办文创产品的展览、体验活动等线下活动，让消费者近距离感受文创产品的魅力，增强品牌忠诚度。此外，还可以利用 VR、AR 等数字媒体技术创新文创产品的表现形式，使其更具吸引力和互动性。譬如，在三明本地举办的体育赛事、音乐节、文化节等活动中，三明市融媒体中心统一使用城市形象 logo，以确保品牌的一致性和辨识度；将城市形象元素融入场地布置及参赛者装备，形成强烈的品牌效应。同时，三明市融媒体中心将设计一系列具有创意和视觉冲击力的物料，如海报、门票、纪念品等，使其成为传播城市形象的有效载体，进一步推动文创产业的发展。

其四，做好售后服务并根据反馈及时优化。地市级媒体在培育和发展文创产业时，要引入智能化客服系统，建立快速反馈渠道，确保在消费者提出问题后能够及时回复并提供解决方案。提供详尽的产品说明和操作手册，建立知识库和常见问题解答，方便消费者自助解决问题。定期收集消费者的反馈意见，对文创产品和售后服务进行持续优化和改进，不断提升消费者的满意度和忠诚度。

七、如何平衡经济效益和社会效益，加强创收经营规范化管理？

其一，地市级媒体要明确核心属性。我国地市级媒体是党的新闻舆论工作的重要组成部分，是连接政府和民众的重要桥梁。一方面，要宣传好党的理论、路线和方针政策，用广大人民群众听得懂、听得进的方式讲述，减轻生硬的传输色彩，增强双向沟通的亲近感。在涉及民众切身利益的公共议题时，可通过各类媒体平台征集民众建议。另一方面，地市级媒体要有效传达民众所感所想，媒体职员要深入社区，让新闻作品沾泥土、冒热气、带露珠。同时，对于民众生活中的

第九章　经营创新

困点、难点，要扮演好沟通者的角色，增加建设性新闻的占比。同时，要设立民众反映问题的便捷渠道，如近年来各地广播电视台积极开设"问政"系列节目，主持人现场询问或就相关问题连线市委、区委领导，以直播的形式提高节目的真实性，相关领导给出确切答复，实现暖民心、解民忧。譬如，无锡广播电视台与无锡市信访局联合开办《一访定心》专栏，专栏内开设"接诉即应"网络平台，同步联动市信访局接访平台和"无锡市12345暨文明城市创建直通车"微信公众号，健全收集、分类、交办、督查、反馈的网络问政链条，形成网上听民意、汇民智、聚民心的长效机制。

其二，地市级媒体在明确核心属性的基础上，要明确发展定位。作为地方公共服务体系的重要组成部分，地市级媒体要促进人民对美好生活的向往和不平衡不充分发展之间矛盾的消解。一方面，地市级媒体要注重民众的精神文明建设，坚守新闻业务，深入挖掘区域资源，推出融合优质内容和先进技术的新闻作品。譬如，2022年，东莞广播电视台在中国共青团成立100周年之际，深入挖掘彼时正在驻港部队服役的广东东莞"95"后女兵黄希蕾获得共青团中央授予团员的最高荣誉——"全国优秀共青团员"称号背后的故事，通过日记体的叙述形式以个体见时代。以青春抒深情，表现出女兵的坚守和信仰，彰显一名广东女兵"忠诚卫香江、同心护家园"的强烈荣誉感，激励了新时代青年挑战自我、矢志奋斗、勇敢前行。另一方面，在媒体融合、中国式现代化深入发展的当下，地市级媒体要拓展效能边界，以"媒体+"的模式促进国家治理体系与治理能力现代化。近年来，文旅事业繁荣发展，地市级媒体要通过线上、线下各类途径有效推广区域文旅资源；促进区域文旅信息的有效对接，实现游客食、住、行资源的一体化管理；畅通民众对景点等地的反馈途径，实现问题的及时、有效解决，降低负面舆情产生的可能。譬如，长沙市广播电视台开通文旅频道，邀请郎朗、杨澜、单霁翔等知名艺术家、文化大咖、演艺人士为频道的开播送祝福，发挥粉丝效应；打造数字人主播"诗远"，为民众提供文旅攻略和智能交互服务；推出原创主题歌曲《星光熠熠的城》，在全媒体平台发布，并在歌词中穿插长沙的标志性景点和历史人文；搭建跨界的文旅集市，吸引民众线下参与；与北京出门问问、广西旅发文化、浙江横店影视城、非洲金芒果卫视等20多家业内知名企业签约，促进资源的有效对接，综合实现"媒体＋文旅"跨界融合的重大创新。

其三，地市级媒体在明确核心属性和发展定位的基础上，要坚持社会效益优先，提升经济效益。一方面，深化媒体的经营创收活动发展，在内容变现、广告经营、项目经营、品牌建设等方面深入发展。同时，可通过财政扶持赋能媒体发展。譬如，三明市融媒体中心强化资金保障，争取或安排省市文化产业专项资金，扶持中心建设；将中心在编人员档案工资差额40%自筹部分由财政补齐；以政府购买服务的方式，每年给予中心500万资金扶持。另一方面，积极参与教育、医疗等能促进地市级媒体经济效益和社会效益双赢的活动。譬如，成都传媒集团和成都市教育局签署"成都全龄学堂"项目合作协议，同成都开放大学等携手构建成都全龄教育公共服务平台，创新学习资源供给方式，重点服务中青年及老年人的社会化学习，全面提升成都市民群体的学习氛围和学习体验。石家庄广播电视台与河北省生殖健康医院（河北省妇幼保健院）签署战略合作协议，围绕省生殖健康医院和患者需求，配置优质融媒资源，充分发挥主流媒体在创意策划、内容制作、新媒体运维等方面的专长，传播权威专业的健康知识，协力促进医疗卫生事业高质量发展。此外，强化相关事业单位、市民等主体的监督机制，对于媒体经营创收的相关信息进行透明化处理，这样既能在一定程度上保证项目进度的正常推进，又能促进项目的规范化管理。依法依规制定并公开部门的年度预算与决算，制订年度部门经营创收发展规划及项目细则。

参考文献

[1] 黄楚新，邵赛男，朱常华.我国地市级媒体融合的现状、问题及应对策略[J].传媒，2020（24）：66-69.

[2] 中共中央办公厅 国务院办公厅印发《"十四五"文化发展规划》[EB/OL].（2022-08-16）[2024-10-29]. https://www.gov.cn/zhengce/2022-08/16/content_5705612.htm.

[3] 市级融媒体中心系列技术标准规范发布实施[EB/OL].（2023-02-01）[2024-10-29]. https://www.nrta.gov.cn/art/2023/2/1/art_113_63326.html.

[4] 习近平：加快推动媒体融合发展 构建全媒体传播格局[EB/OL].（2019-03-15）[2024-10-29]. https://www.gov.cn/xinwen/2019-03/15/content_5374027.htm.

[5] 中共中央办公厅 国务院办公厅印发《关于加快推进媒体深度融合发展的意见》[EB/OL].（2020-09-26）[2024-10-29]. https://www.gov.cn/xinwen/2020-09/26/content_5547310.htm.

[6] 习近平：高举中国特色社会主义伟大旗帜 为全面建设社会主义现代化国家而团结奋斗——在中国共产党第二十次全国代表

大会上的报告［EB/OL］.（2022-10-25）［2024-10-29］. http://www.qstheory.cn/yaowen/2022-10/25/c_1129079926.htm.

［7］胡正荣，李荃. 融媒十载：中国媒体融合的行动逻辑、价值意涵与实践路向［J］. 传媒观察，2024（7）：5-12.

［8］陈国权. 媒体融合的现状、难点与市场机制突破［J］. 编辑之友，2021（5）：32-39，45.

［9］中共中央关于进一步全面深化改革 推进中国式现代化的决定［EB/OL］.（2024-07-21）［2024-11-06］. https://www.gov.cn/zhengce/202407/content_6963770.htm.

［10］黄楚新，许可. 数智时代我国地市级媒体融合的发展特征与趋势展望［J］. 南方传媒研究，2024（4）：10-16.

［11］广电总局印发《关于加快推进广播电视媒体深度融合发展的意见》的通知［EB/OL］.（2020-11-13）［2024-11-03］. https://www.gov.cn/gongbao/content/2021/content_5582647.htm.

［12］实战案例！三明市融媒体中心融合发展的实践样本［EB/OL］.（2023-06-17）［2024-11-02］. https://www.thepaper.cn/newsDetail_forward_23525508.

［13］新闻出版广电总局 财政部关于推动传统出版和新兴出版融合发展的指导意见［EB/OL］.（2015-03-31）［2024-11-02］. https://www.gov.cn/gongbao/content/2015/content_2893178.htm.

［14］江晓奋，邱思艳. 融媒精品如何"炼"成：数智赋能、技术升级与思维变革［J］. 南方传媒研究，2024（2）：96-100.

［15］从"新"出发 向"融"而行：写在南昌市融媒体中心挂牌

成立时［EB/OL］.（2023-06-26）［2024-11-02］. https://baijiahao.baidu.com/s?id=1769736069133151418&wfr=spider&for=pc.

［16］【案例】山西晋城市融媒体中心：依靠改革做实媒体融合［EB/OL］.（2022-06-14）［2024-11-02］. https://www.sarft.net/a/211189.aspx.

［17］北京市两个项目获评全国广播电视媒体融合典型案例［EB/OL］.（2024-08-31）［2024-11-02］. https://baijiahao.baidu.com/s?id=1808806521349401513&wfr=spider&for=pc.

［18］刘雨濛. PUGC、UGC在国内主流新闻媒体的运用：以澎湃问吧、澎友圈为例［J］.传媒评论，2023（12）：15-17.

［19］郭全中，张金熠. 一体化、智能化、服务化：主流媒体平台建设的回顾与展望［J］.青年记者，2024（1）：5-9.

［20］曹淑敏. 担当使命 守正创新 为网络强国建设贡献广电力量［J］.中国网信，2023（9）：18-21.

［21］黄楚新，许可. 主流媒体数字平台建设：价值逻辑、结构要素与行动路径［J］.电视研究，2023（6）：14-19.

［22］綦评｜媒体也是乡村振兴的一支主力军［EB/OL］.（2024-08-21）［2024-11-03］. https://mp.weixin.qq.com/s?__biz=MzA5MDQ2Mzg2Mg==&mid=2657542000&idx=1&sn=9dd79d81ffdc7590be42d75c428b52b0&chksm=8a8fd5dedf56ec68e294394342faa9c6ad54d7f791c97968965e62c63ca41797af423bd3f219&scene=27.

［23］全省区（市）县唯一！双流融媒获评"2024年全国广播电

视媒体融合典型案例"[EB/OL].(2024-08-16)[2024-11-03].https://mp.weixin.qq.com/s?__biz=MjM5ODk5MDgxMg==&mid=2649916329&idx=1&sn=8006de1227c81c5fd75b539f4c7d2536&chksm=bfe65550de40215c0101be6eb368173c3bd6fe329847b3c7d02abfa83fbc5a6e1a3a6ebb6bb8&scene=27.

[24] 习近平在党的新闻舆论工作座谈会上强调：坚持正确方向创新方法手段 提高新闻舆论传播力引导力[EB/OL].(2016-02-22)[2024-11-03].http://dangjian.people.com.cn/GB/n1/2016/0222/c117092-28138907.html.

[25] 闫松.三明融媒改革纪事[N].中国新闻出版广电报，2024-05-07（1）.

[26] 区融媒体中心关于制定融媒体中心新媒体考核制度（试行）[EB/OL].(2019-09-27)[2024-11-05].https://www.fh.gov.cn/art/2019/9/27/art_1229560532_404943.html.

[27] 人民网研究院课题组.2023年媒体融合发展观察报告[EB/OL].(2024-05-21)[2024-11-03].http://yjy.people.com.cn/n1/2024/0521/c244560-40240390.html.

[28] 安吉县融媒体中心：重塑新闻格局，打造全媒体传播新风向[EB/OL].(2023-12-23)[2024-11-03].https://baijiahao.baidu.com/s?id=1786021855946828526&wfr=spider&for=pc.

[29] 棒！新河县融媒体中心上榜全国县融中心综合影响力优秀案例！[EB/OL].(2022-05-26)[2024-11-05].https://m.thepaper.cn/newsDetail_forward_18283727.

[30] 2022年6月云南省县级融媒体中心优秀案例发布[EB/OL].

（2022-07-25）［2024-11-05］. http://www.banyuetan.org/dfgc/detail/20220725/1000200033136151658755072751961136_1.html.

［31］全省市县融媒体中心典型案例［EB/OL］.（2022-08-30）［2024-11-05］. http://gansu.gov.cn/gssyzf/gsyw/202208/2112928.shtml.

［32］山东省青岛市崂山区融媒体中心公开招聘专业人员公告［EB/OL］.（2024-03-05）［2024-11-05］. https://mp.weixin.qq.com/s/lbeUv6e6ObhTo4D6jUnsQQ.

［33］奉化区融媒体中心专技人员岗位等级聘任与考核管理办法［EB/OL］.（2023-08-31）［2024-11-05］. http://www.fh.gov.cn/art/2023/8/31/art_1229560532_1778553.html.

［34］漳州电视台：打造融媒"特种兵"［EB/OL］.（2021-04-12）［2024-11-05］. http://jx.fjsen.com/2021-04/12/content_30696729.htm.

［35］阿克塞县融媒体中心 多措并举抓实融媒队伍培训工作［EB/OL］.（2022-09-09）［2024-11-05］. http://app.gdj.gansu.gov.cn/home/organ/detail/aid/33595.html.

［36］沪明对口合作助推媒体融合发展！三明市举办第九期"融媒特种兵"云课堂［EB/OL］.（2023-10-19）［2024-11-05］. https://m.sohu.com/a/729697141_121123857/?pvid=000115_3w_a.

［37］三明市举办第五期"融媒特种兵"培训讲座［EB/OL］.（2023-02-23）［2024-11-05］. https://m.sohu.com/a/644973091_121117081.

［38］杭锦旗融媒体中心：夯实工作举措 加快融合创新［EB/

OL］.（2022-05-08）［2024-11-05］. http://www.ordos.gov.cn/xw_127672/qqdt/202205/t20220509_3210393.html.

［39］临邑县融媒体中心：打出激励组合拳，提振创业精气神［EB/OL］.（2023-08-17）［2024-11-05］. http://dzrb.dzng.com/articleContent/43_1176743.html.

［40］日照五莲县融媒体中心："一二三工作法"塑强新时代融媒青年干部［EB/OL］.（2024-09-23）［2024-11-05］. https://cj.sina.com.cn/articles/view/1893761531/70e081fb02002ojre?finpagefr=p_104.

［41］孟津区融媒体中心：营商环境提升行动6项举措［EB/OL］.（2024-03-22）［2024-11-05］. https://m.ly.gov.cn/2024/03-29/79228.html.

［42］县融媒体中心：发挥党建引领作用 助推人才队伍建设［EB/OL］.（2024-02-15）［2024-11-05］. https://www.ahjinzhai.gov.cn/public/6596501/37148413.html.

［43］建好人才队伍，助推基层媒体转型蝶变：以上虞区融媒体中心增强团队协作力为例［EB/OL］.（2024-02-23）［2024-11-05］. https://m.sohu.com/a/759518595_121119272/?pvid=000115_3w_a.

［44］【案例】江阴市融媒体中心：加快打造生态式数智化全媒体［EB/OL］.（2023-08-24）［2024-11-05］. https://new.qq.com/rain/a/20230824A00ZXC00?suid=&media_id=.

［45］以人才融合助推媒体融合的延安路径：以延安市融媒体中心实践为例［EB/OL］.（2024-06-19）［2024-11-05］. http://yjs.

yanan.gov.cn/yjcg/qsldgbyxtycg/2023n/1803353317485576193.html.

［46］【案例】晋城市融媒体中心：依靠改革做实媒体融合［EB/OL］.（2022-06-13）［2024-11-05］. http://app.gdj.gansu.gov.cn/home/organ/detail/aid/32605.html.

［47］柳州市融媒体中心案例入选！中国报业经营管理优秀单位创新案例发布［EB/OL］.（2024-05-29）［2024-11-05］. https://a.lzgd.com.cn/news/share_news.aspx?id=124461.

［48］案例｜晋江市融媒体中心：打造县级融媒体中心"晋江样板"［EB/OL］.（2021-07-09）［2024-11-05］. https://page.om.qq.com/page/O1xOMzpLX4rTLiPkMyxlwXZQ0.

［49］岳阳县融媒体中心机房管理制度［EB/OL］.（2023-08-03）［2024-11-06］. https://www.yyx.gov.cn/37584/38154/38157/38160/38170/38171/39888/content_2095978.html.

［50］桐城市融媒体中心［EB/OL］.（2024-02-29）［2024-11-06］. https://www.tongcheng.gov.cn/public/2000003131/2023159681.html.

［51］华亭市融媒体中心职能配置、内设机构和人员编制规定［EB/OL］.（2023-03-20）［2024-11-06］. http://www.gsht.gov.cn/zfxxgk/bmzxxgk/bmxxgk/htsrmtzx/fdzdgknr/LZYJ/art/2022/art_052ffee533144f10b0833278024ef732.html.

［52］【能力作风建设】创新工作机制 激发内生动力 市融媒体中心以"四项举措"全力提升工作质效［EB/OL］.（2022-11-28）［2024-11-06］. https://m.sohu.com/a/610965799_121106822/?pvid=000115_3w_a.

［53］习近平. 不断做强做优做大我国数字经济［J］. 求是，2022（2）：4-8.

［54］习近平在全国宣传思想工作会议上强调 胸怀大局把握大势着眼大事 努力把宣传思想工作做得更好［EB/OL］.（2013-08-21）［2024-11-06］. https://tv.cctv.com/2013/08/21/VIDE1377036593425575.shtml.

［55］习近平在中共中央政治局第十二次集体学习时强调［EB/OL］.（2019-01-25）［2024-11-06］. https://baijiahao.baidu.com/s?id=1623631259533940029&wfr=spider&for=pc.

［56］"职"等你来！南方报业传媒集团南方｜传媒中心招聘［EB/OL］.（2024-07-29）［2024-11-06］. https://mp.weixin.qq.com/s/pEqv1OgjxL6AKFX38KNkfQ.

［57］习近平. 加快推动媒体融合发展 构建全媒体传播格局［J］. 求是，2020（6）.

［58］习近平在中共中央政治局第十一次集体学习时强调：加快发展新质生产力 扎实推进高质量发展［EB/OL］.（2024-02-01）［2024-11-06］. https://www.gov.cn/yaowen/liebiao/202402/content_6929446.htm.

［59］政府工作报告：2024年3月5日在第十四届全国人民代表大会第二次会议上［EB/OL］.（2024-03-12）［2024-11-06］. https://www.gov.cn/gongbao/2024/issue_11246/202403/content_6941846.html.

［60］喜报！芒果超媒第五次荣膺"全国文化企业30强"［EB/OL］.（2024-05-23）［2024-11-06］. https://mp.weixin.

qq.com/s/buCQFS6U59MGUN5VXcsVJg.

［61］【动向】融媒改革再提速！全国近半数地级市融媒体中心已挂牌［EB/OL］.（2024-07-12）［2024-11-06］. https://mp.weixin.qq.com/s/OYcvsmWShWaIpSkktrCssw.

［62］地市级媒体经营难！江西凭啥交出多份优秀答卷？［EB/OL］.（2024-08-19）［2024-11-06］. https://mp.weixin.qq.com/s/1VFzfWWsnT-lmp-Y3f_ouw.

［63］【案例】广州台：打造"广电＋教育"生态圈 创新营收破亿元［EB/OL］.（2024-09-20）［2024-11-06］. https://mp.weixin.qq.com/s/aq76SJclC500v4xhzxol4w.

［64］【高质量发展大家谈】苏州台：以改革创新推动城市台高质量发展［EB/OL］.（2024-08-27）［2024-11-06］. https://mp.weixin.qq.com/s/nIZfSEerYqnLtviqIfKNVA.

［65］杭州日报报业集团有限公司［EB/OL］.［2024-11-06］. https://www.qcc.com/firm/b5afbc484950918919707797dbc1a11ff.html.

［66］宁波日报报业集团 集团简介［EB/OL］.［2024-11-06］. http://nbjt.cnnb.com.cn/jtjj.shtml.

［67］青岛日报报业集团发行有限责任公司2023年度报告［EB/OL］.［2024-11-06］. https://www.qcc.com/webReportYearDetail/418538d7197cb4e42ec39e5ee406284b_2023.html.

［68］融合赋能破浪行：写在广安市融媒体中心揭牌之际［EB/OL］.（2024-07-25）［2024-11-06］. https://mp.weixin.qq.com/s/s4wsmCXZol1oCyUOx15erQ.

［69］王薇，刘珊.中国媒体经营四十年（1979~2019）［M］.北

京：社会科学文献出版社，2019.

[70] 中广天择：2023年年度报告［EB/OL］.（2024-04-10）［2024-11-06］. https://vip.stock.finance.sina.com.cn/corp/view/vCB_AllBulletinDetail.php?stockid=603721&id=9952780.

[71] 付费用户32万 直接收入4400万《南方周末》"内容付费工程"交出5年成绩单［EB/OL］.（2023-05-23）［2024-11-06］. https://mp.weixin.qq.com/s/ioF3_M3ZD-xquPsMaVuTTg.

[72] 2023年全国广播电视行业统计公报［EB/OL］.（2024-05-08）［2024-11-06］. https://www.nrta.gov.cn/art/2024/5/8/art_113_67383.html.

[73] 魏建东.借融合改革之势推动地方传媒产业良性发展：以绍兴市新闻传媒中心（传媒集团）为例［J］.新闻战线，2024（7）：65-67.

[74] 彭勇.文化立魂、科技赋能，加快培育媒体新质生产力［J］.新闻战线，2024（7）：54-57.

[75] 陈洁.从10年南京森林音乐会看如何打造城市文化IP［EB/OL］.（2024-08-28）［2024-11-06］. https://mp.weixin.qq.com/s/KJtQXZ6RauZ5HxzpJ9XTyA.

[76] 宋卫东，韦文毅.创新实践公益慈善，引领城市文明新跨越［J］.新闻战线，2024（5）：23-25.

[77] 大阵仗！克拉玛依融媒体中心用"全媒体矩阵＋科技"助力"克马"［EB/OL］.（2024-09-21）［2024-11-06］. https://mp.weixin.qq.com/s/drUPJECSOkX_9Pm8d_xdJg.

后　记

　　媒体融合步入深水区，地市级媒体的"腰部突围"成为关乎全局的关键战役。作为长期关注传媒发展变革的观察者、研究者，我们始终被一个问题叩击：新的信息技术不断迭代，加速重构传播格局，地市级媒体如何破局？三明曾以医改、林改闻名全国。2019年，三明市融媒体中心成立，再次以"刀刃向内"的改革勇气推动融媒破局。

　　在推进主流媒体系统性变革的征途中，三明市融媒体中心的实践呈现出独特的样本价值。其探索勇闯事业单位绩效考核的"深水区"，不掩饰技术赋能的现实困境，这种直面问题和困境的坦诚，恰恰是当下媒体融合最需要的作风。编写本书的初衷，就是想通过解剖麻雀式分析，将改革创新经验转化为可供全国同行参照的坐标系，让"三明答案"成为破解共性难题的钥匙。

　　本书以福建三明市级媒体改革为主要研究样本，聚焦全国地市级媒体融合这一主流媒体改革环节，首次对三明市融媒体中心建设试点的经验进行全景式扫描。我们与总编辑探讨顶层设计的权衡，随一线记者体验"策采编发"的流程再造，与技术团队推敲数据中台的搭建逻辑。通过近百场深度访谈，从不同视角的叙事中拼出立体鲜活的改

后　记

革图景。尤为可贵的是，三明同人对绩效考核、人力资源等诸多单位认为敏感的问题进行了开诚布公的深入交流，让研究得以穿透表象，触及体制机制创新的内核。

为构建系统性研究框架，我们梳理了全国 60 家试点单位的改革路径，将三明经验置于横向坐标系中比对，从媒体融合改革探索的视角，记录地市级媒体融合的探索过程，并结合地市级融媒体改革常见的体制机制等痛点、难点，辅以其他地市级媒体改革的一些经验，进行有的放矢的解读和介绍，解疑释惑，旨在为同行解决改革过程中遇到的痛点、难点问题提供对症之策。同时，在写作中，我们以专业的学术研究成果为基础，对地市级媒体融合改革的顶层设计和中央最新要求做了深入梳理和阐述，对地市级媒体未来的融合方向提出了"地市级媒体需不断适应数智化发展趋势"等多方面的建设性意见，做到宏观和微观齐备、政策和实操兼顾。

编撰过程亦是认知迭代的旅程。我们逐渐领悟，媒体融合没有统一的标准答案，但有科学的方法论。这座山区城市以"小步快跑"的智慧，在体量较小、经营规模不够大、人工智能技术使用不充分等资源约束中，开辟出"新闻＋政务＋服务"的可持续生存发展空间，其价值不在于创造了某种范式，而在于证明了"因地制宜"才是改革的底层逻辑。这种改革智慧对于正在寻找差异化发展道路的地市级媒体而言，或许比具体的操作模板更具启示意义。

本书是多方合力的结晶。感谢有关领导、专家，他们在政策维度上的把关，让案例研究始终锚定国家战略方向；致敬三明市委、市政府及市委宣传部的改革护航者，他们"既给空间又筑底线"的治理智慧，为研究提供了宝贵的观察窗口；感恩三明市融媒体中心的全体同人，那些彻夜长谈的研讨、毫无保留的分享，构筑了本书最坚实的地基。感谢全国地市级媒体同人的努力探索创新，为我们提供了很多案例启发。还要特别致谢编辑出版团队的辛勤付出及专业打磨。在此，向所有在媒体融合深水区跋涉的同行者致敬——这本书不是终点，而是我们共同探索的起点。

"他山之石，可以攻玉。"愿这份来自革命老区的实践答卷，也能一如当年，风展红旗，为更多城市的媒体深度融合和主流媒体系统性变革的探索征程增添一份力量！

2025 年春于三明

图书在版编目（CIP）数据

融媒50问：地市级媒体融合的三明探索 / 黄楚新等编著. --北京：中国国际广播出版社，2025.4.
ISBN 978-7-5078-5722-1
Ⅰ. G219.2
中国国家版本馆CIP数据核字第2024UF5179号

融媒50问：地市级媒体融合的三明探索

编　　著	黄楚新 等
责任编辑	张晓梅
校　　对	张　娜
版式设计	陈学兰
封面设计	赵冰波

出版发行	中国国际广播出版社有限公司［010-89508207（传真）］
社　　址	北京市丰台区榴乡路88号石榴中心1号楼2001
	邮编：100079
印　　刷	天津市新科印刷有限公司

开　　本	710×1000　1/16
字　　数	180千字
印　　张	14
版　　次	2025 年 4 月　北京第一版
印　　次	2025 年 4 月　第一次印刷
定　　价	58.00 元

版权所有　　盗版必究